잘되는 집들의 비밀

부와 운을 부르는 공간과 삶에 관한 이야기

# 잘되는 집들의 비밀

정희숙 지음

**포레스트북스**

# 정리의 재발견

"정리가 꼭 필요한가요?"

정리 전문가로 살아오는 동안 수없이 받은 질문이다. 과연 정리를 꼭 하면서 살아야 할까? 이 질문에 대한 답변을 하기 전에 아린 (가명) 씨의 이야기를 먼저 들려주고 싶다. 아린 씨는 30대 후반, 결혼한 지 5년차였다. 입주를 시작한 신축 아파트로 이사한 지는 1년 정도 되었고 아이 없이 두 부부만 살고 있었다. 만날 날을 약속하고 집으로 찾아갔다. 문을 열자마자 하수구에서 올라오는 것 같은 시큼한 냄새가 났다.

'새 아파트에서 이런 냄새가 나다니 하자가 있는 집인가?'

어찌나 불쾌한 냄새가 나던지 나도 모르게 얼굴을 찌푸렸다. 현관부터 짧은 복도를 지나 거실로 가는 동안 그 흔한 방향제 하나 보이지 않았다. 거실을 지나 주방에 다다른 순간 냄새의 진원지를 깨달았다. 주방 개수대에 설거짓거리가 산더미처럼 쌓여 있었다. 식탁에는 먹다 남은 치킨 몇 조각이 함께 배달 온 것으로 보이는 조각 무와 함께 종이박스에 말라붙어 있었다. 그 앞에 서서 몇 마디 인사를 나누고는 집을 좀 둘러보겠노라 했다. 그러고는 냉장고 문을 열었다가 얼른 닫았다. 아주 짧은 시간이었지만 개수대에 쌓여 있는 그릇들보다 더하면 더했지 결코 덜하다고 할 수 없는 풍경이었다. 표정에 크게 미동이 없던 아린 씨도 이때만큼은 살짝 민망한 표정을 지었다.

"정리가 필요해 보이긴 하는데… 정말 괜찮으시겠어요?"

"정리라도 안 하면 살 수가 없을 것 같아서요."

집 정리보다 생각 정리가 먼저 필요해 보였다. 돈을 주면 알아서 전문가가 정리를 해준다고 생각할지 모르지만, 정리의 주인은 어디까지나 그 집에 살고 있는 사람이다. 어떤 물건을 버리고, 어떤 물건을 남길 것인지, 어떤 공간을 새롭게 바꿀 것인지 본인이 결정하지 않으면 정리 자체가 되지 않는다. 가끔 정리하는 일을 설거지며 청소까지 다 해주는 일인 줄 아는 분들이 있다. 이사를 할 때 이삿짐센터 직원들이 설거지나 빨래를 하지 않는 것처럼, 정리를 할 때도 컨설턴트들이 집안일을 대신 하지 않는다. 간혹 고객들 중에는 정리 컨설턴트를 집안일 도와주는 도우미처럼 생각하는 분들도 계시지만, 이런 점에 대해선 단호하게 말하는 편이다. 물론 정말로 아주 가끔 피치 못할 사정이 생길 때도 있지만 처음부터 일의 범주를 설명하는 일은 중요하다. 계약을 맺고 하는 일이기도 하지만 내가 나서서 선을 긋지 않으면 일하면서 생기는 곤경은 고스란히 우리 직원들 몫이다. 작은 일이라도 허투루 넘길 수는 없는 것이다.

"그런데 설거지를 왜 이렇게 쌓아두셨어요?"

"도우미 이모님을 아직 못 구해서요…."

"당일엔 저대로 두시면 안 돼요. 설거지는 미리 꼭 해주시길 부탁드릴게요."

"네…. 그런데 남편이 안 하면 저도…."

아린 씨는 말을 하다 아차 싶었는지 그만두었다. 그동안 남편이 하지 않으면 본인도 하지 않았던 모양이다. 그 모습을 물끄러미 보고 있자니 이렇게 좋은 집에서 왜 이렇게 살고 있을까 안타까운 마음마저 생겼다. 정리 컨설팅을 하다 보면 분위기가 심리 상담처럼 흘러갈 때가 있다. 냉장고 속, 옷장 속 같은 내밀한 사적 공간까지 들여다보며 무엇을 원하는지 듣는 경우가 많아서 그런지 "이런 얘기까지 하게 될 줄은 몰랐는데"라며 마음의 짐을 풀어내는 분들도 간혹 만난다.

아린 씨가 쌓아두고 사는 것은 개수대의 그릇만이 아니었다. 옷장 문을 열었더니 터진 둑에 물이 쏟아지듯, 우르르 쏟아져 내렸다. 행거에 걸려 있는 옷들이 거의 없다시피 했다. 옷걸이에 걸어두기만 해도 손이 훨씬 덜 갈 옷들이 무방비 상태로 쌓여 있었다.

서랍 속엔 양말과 속옷이 엉켜 있었고, 침대 위에도 옷들과 이불이 한데 섞여 있었다. 드레스 룸은 아예 발 디딜 틈조차 없었다. 옷은 어떻게 갈아입고 잠은 도대체 어디에서 자는지 진심으로 궁금해졌다. 다른 방들도 마찬가지였다. 부부 두 명이 사는 데 부족함이 없어 보이는 40평대의 아파트가 그 어떤 관심도 받지 못한 채 내팽겨진 채로 덩그마니 놓여 있었다.

아린 씨와 그녀의 남편이 어떤 삶을 살아왔는지 알 수 없었지만, 지금 두 사람의 관계가 어떤지는 집을 통해서 볼 수 있었다. 결코 '사이가 좋다'고 말할 수는 없는 느낌. 아린 씨는 자신의 집인데도 불구하고 공간에서 자유롭게 활보하는 느낌이 들지 않았다. 되도록 공간을 침해하지 않으려는 듯, 소파에 앉을 때에도 두 다리를 올리고 무릎을 구부린 채 최소한의 공간만 쓰고 있었다. 너무나 외롭고, 춥고, 쓸쓸해 보였다.

집에 대해, 공간을 바꾸는 일에 대해 이런저런 이야기를 나누던 중에 아린 씨가 조심스러운 목소리로 자신의 이야기를 꺼냈다. 결혼에 대한 기대가 컸지만 막상 함께 살면서 사사건건 부딪쳤다고 한다. 자신은 남편과 오랜 시간 함께하길 바랐는데 남편은 출장도 잦은 데다 혼자만의 시간도 필요한 사람이었다. 아린 씨는 결혼하면서 다니던 직장을 그만두었는데, 일을 계속할걸 하는 후회가 든다고 했다. 그렇다고 다시 일을 시작하자니 '경단녀'로서 두려움이 앞을 가로막았다. 그러다 우연히 텔레비전에서 정리 전과 후에 달라진 집을 봤는데 바뀐 집을 보는 사람들의 표정이 '기적처럼 달라진 얼굴'이었다고 했다.

아린 씨는 지금 집에서 행복하지 않다고 말했다. 모델하우스 같은 집에서 살면 행복해질까? 그런 집을 만들기 위해 누군가의 손길을 매번 빌릴 수 있을까? 정리하는 법을 배우고 싶지 않다는 사람들에게 굳이 목소리 높여 배우라고 강요하고 싶지는 않다. 하지만 정리된 공간, 정돈된 환경이 주는 수없이 많은 장점은 꼭 누리면서 살아보라고 권하고 싶다.

아린 씨의 집을 보면서 속마음을 헤아려보았다. 마음의 소리는 실제 들리지 않았지만, 집이 대신 말하는 소리는 들을 수 있었다. 그것은 "내가 많이 외롭고 힘들어요"라는 간절한 외침이었다. 결과적으로 아린 씨는 집 정리를 한 후 좀 더 적극적으로 심리 상담을 받게 되었다고 했다. 일주일에 한 번도 외출을 하지 않았던 적도 있지만 이제는 하루에 한 번씩 나가 천천히 산책을 하고 집으로 돌아온다. 무엇이 변화를 가져왔을까? 정확한 이유는 알 수 없어도 그녀가 해준 말이 마냥 고맙고 반가웠다.

"밖에서 돌아올 때 집이 나를 반겨주는 것 같아요. 정리를 시작하길 정말 잘했어요!"

자신이 머무는 공간을 정리하고 감정의 변화를 겪은 사람이 아린 씨가 처음은 아니다. 정말 많은 사람들이 저마다 기대감을 품고 집을 정리하고 싶다는 의뢰를 해온다. 정리가 끝나면 기대했던 것만큼 만족해한다. 무엇을 기대했는가는 사람마다 다르지만 한 가지 공통점이 있다. 신기하게도 '정리'가 '삶의 변화'로 이어진다는 사실이다. 내가 맡은 모든 집들이 '100퍼센트 완벽함'으로 불릴 만한 기적의 정리를 성공시켜서일까? 그렇다고 생각하진 않는다. 아마도 공간이라는 외양의 변화가 그곳에 사는 사람의 내면의 변화를 이끌어냈기 때문이 아닐까? 그렇다면 공간을 정리하는 일이 왜 이토록 사람의 마음에 큰 영향을 미치는 것일까?

바로 여기에서부터 맨 처음 질문에 대한 답을 해보려고 한다. 내가 생각하는 정리는 단순히 물건을 깔끔하게 보관하는 일이 아니다. 컵을 반듯하게 쌓거나 옷을 가지런히 개는 일도 아니다. 그보다는 컵과 옷 같은 물건이 놓이고, 더 나아가 내가 숨 쉬고 점유하는 '공간에 대한 이해'에 가깝다. 물건에게 적절한 '자리를 부여'함으로써 내 삶의 공간을 살리고 주변의 환경과 자연스러운 조화를 이루는 일이기 때문이다.

정돈되고 조화로운 공간에서 살아갈수록 우리는 심리적인 안정감과 평온함을 더 많이 느낀다. 마음속 잡음이 줄어들고 집중력과 창의력도 높아진다. 물건들이 제자리를 찾을 때 생기는 심리적 변화는 자연스럽게 우리 삶에 긍정적인 영향을 끼치며, 일상의 스트레스와 불안을 덜어내는 데에도 도움이 된다. 또한 정리를 통해 자신을 돌아볼 수 있다. 우리가 소유한 물건들은 각자의 가치관과 취향을 반영하며 나 자신에 대한 이야기를 담고 있다. 수많은 물

건들 중에서 더 중요하고 필요한 것이 무엇인지 깨달을수록 불필
요한 것을 정리하게 된다. 소중한 것을 아껴 쓰며 살아가는 시간이
열리는 셈이다.

물건들이 자신의 자리를 찾을 때 우리는 보다 조화로운 공간에
서 생활한다. 이러한 조화는 우리의 내면에도 영향을 미친다. 그렇
기에 정리는 일종의 심리적인 치유 과정이라고도 생각한다. 오래
전 추억이 담긴 물건과 이별하거나, 더 이상 필요하지 않은 물건
과 작별을 고하는 과정은 때로는 아픔과 슬픔을 불러일으킬 수도
있다. 하지만 그로부터 벗어나고 나면, 한결 가벼워진 마음으로 새
로운 시작을 하게 된다. 우리는 주변 환경과 상호작용한다. 우리가
선택한 공간이 우리에게도 영향을 미친다. 정리된 공간에서 우리
는 자유로워지고, 새로운 가능성을 탐험하며, 보다 의미 있는 삶을
만들어갈 수 있다. 정리를 통해 자신을 더 깊이 이해하고, 인생의
여정에서 더욱 의미 있는 방향으로 나아가게 되는 것이다.

정리는 고난도의 기술이 필요한 게 아니라 공간에 대한 관심이
필요한 분야이다. 공간을 다루다 보면 시간에 대해서도 생각하게
된다. 그리고 공간과 시간에 대한 생각은 궁극적으로 삶의 문제와
만나게 된다. 정리의 마지막 종착역은 '삶'이기 때문이다. 그래서
정리는 기술적인 부분도 포함하고 있지만 더 나아가 삶의 태도를
담고 있다고 생각한다. 이것은 내가 정리 전문가여서 하는 말이 아
니라 정리 컨설팅을 받은 분들이 공통적으로 하는 말이기도 했다.

이 책은 정리 전문가로 10년 넘게 5,000여 집을 정리하는 동안 내 안에 쌓여온 질문에 대한 답을 찾아나가는 과정에서 나온 생각들이다. 나와 의견이 다른 사람들도 있을 것이고 내 생각에 동의하는 사람도 있을 것이다. 생각이 같다면 반가운 일이고, 생각이 다르다고 해도 다른 관점에서 바라볼 수 있는 기회라고 여기면 좋겠다. 정리가 여러분의 삶을 맑은 공기처럼 환기시키고, 밝은 햇빛처럼 비추기를 바란다.

**똑똑한 정리 정희숙**

# 목차

# 3부 내 집, 두 배로 넓게 쓰는 법

# 4부 사람은 공간을 만들고, 공간은 사람을 만든다

1부

# 공간이 바로,
# 당신이다

## 01

# 공간이 하는 말

## 집에 머문다는 것의 의미

아침에 일어나 자신이 살고 있는 공간을 바라본 적 있는가? 사랑스러운 눈길로 둘러보고, 포근한 손길로 매만지며, 내가 잠을 자고 먹고 씻고 휴식을 취하는 집이라는 공간에 감사를 표현한 적이 있는가? 나를 감싸는 공간의 분위기에 만족스러워서 매일 아침, 행복한 기분으로 하루를 시작하고 있다면, 당신은 당신의 공간을 무척 사랑하는 사람일 것이다. 그리고 동시에 당신의 공간에게 사랑받는 사람일 것이다. 우리가 공간을 사랑할 수는 있어도 공간이 우리를 사랑하는 것은 이해가 되지 않는다고? 천만에. 우리가 공간을 사랑하는 만큼, 공간도 우리를 사랑한다. 그것도 무척 많이,

진정으로! 공간은 살아 있기 때문이다.

공간이 살아 있다니 이 무슨 한여름 공포영화 같은 소리냐고 할지도 모르겠다. 그러나 이것이 바로 내가 이 책에서 하고 싶은 이야기이다. 사람은 몸을 가진 존재이다. 몸을 가진 존재는 필연적으로 공간을 필요로 한다. 자기 몸 하나 놓을 수 있는 공간은 선택이 아닌 필수이기에 인간은 아주 오래전부터 자신이 머무는 공간에 대한 애착을 키워왔을 것이다.

우리는 하루에도 몇 번씩 다른 공간 속에 머문다. 그 공간은 집일 수도 있고, 방일 수도 있고, 어떤 카페의 테이블 앞이거나 도서관 의자 위일 수도 있다. 나는 때로 일상의 공간을 떠나 특별한 공간을 찾아간다. 멋진 미술관, 오래된 교회나 성당, 거대한 박물관 같은 공간에서 알 수 없는 신비함을 느끼고 아름다움을 실감한다. 꼭 실내에만 한정되는 것은 아니다. 바다에서 수영을 할 때, 비행기를 타고 하늘을 건너갈 때, 공원에서 산책을 할 때, 폭포나 사막, 호수 같은 자연 앞에서도 우리는 의식적으로든 무의식적으로든 공간을 느끼고 즐기고 맛본다.

좋은 공간에 머물 때 우리의 정신은 고양되고 마음은 편안해진다. 사는 공간에 따라, 오래 머무는 공간에 따라 사람도 그 공간을 닮아가는 게 아닐까? 사람이 책을 만들고 책은 사람을 만든다는 말을 빌리자면, 사람은 공간을 만들고 공간은 사람을 만드는 것이다. 어떤 공간에 머무느냐에 따라 우리 자신도 영향을 받는다면,

오래 머무는 공간, 자주 사용하는 공간을 소중히 여기면서 알뜰살 뜰히 보살피고 정리하는 것은 나와 내가 사랑하는 사람들을 소중 하게 여긴다는 의미일 것이다.

우리가 일상에서 가장 오래 머무르는 동시에 가장 중요하게 여 기는 공간은 어디일까? 바로 집이다. 정리 전문가로 살아오는 동 안 나는 수없이 많은 집들을 방문했다. 화목한 집도 있었고, 불화 를 겪는 집도 있었으며, 슬픔에 젖어 있는 집도 있었고, 새로운 희 망이 태어난 집도 있었다. 집에 대해 갖고 있는 생각은 그만큼 특 별한 듯하다. 우리가 흔히 "그 집은 말이야"라고 할 때 '그 집'은 사 물로써의 집만 의미하진 않는다. '집'은 건축양식을 지닌 하우스 house인 동시에 가정을 뜻하는 홈home이며 심리적 소속감을 느끼 는 가족family이기도 하다. 다인가족이든 일인가족이든 집의 의미 는 이렇게 다양하다.

**집을 정리하는 일은 나에게 중요한 공간을 돌아보는 일이고, 나 와 가족을 위한 보금자리를 가꾸는 일이기도 하며, 더 나아가 우리 의 마음이 현재 어떤 상태인지 알아차리는 과정이기도 하다.** 그렇 기에 집을 정리하는 일은 단순히 짐을 정리하는 일이 아니라고 생 각한다. 방치한 공간을 보살피는 일이고, 죽어 있던 공간을 살리는 일이다. 그런데도 많은 사람들은 '집 정리'를 물건을 정리하는 것 으로 단순하게 생각한다. 물론 물건을 정리하는 일도 정리의 일부 인 것은 맞지만, 마치 그것이 정리의 전부라고 생각하면 곤란하다.

책상 서랍 하나, 현관에 놓인 신발들을 정리하는 작은 일 하나가 생각보다 당신에게 미치는 영향은 클 수도 있기 때문이다.


## 단지 집을 정리했을 뿐인데 생기는 변화들

정리 전문가인 내가 정리에 대해 옷을 예쁘게 접고 그릇을 착착 쌓아올리며 팬트리 선반에 하얀 수납도구들을 나열하면서 단순히 집을 보기 좋게 만드는 일로만 여기는 게 아니라 그보다 더 큰 의미가 있다고 말하는 데에는 이유가 있다. 공간이 한 사람 또는 한 가족의 삶을 상징적으로 보여주며 심지어 심리 환경을 바꾸는 것을 수없이 목격했기 때문이다.

잘 정돈된 공간이 주는 안락함과 편안함이 우리 기분에 미치는 영향은 어마어마하다. 옷장 문을 열었을 때 색깔별, 용도별로 잘 정돈된 옷을 보는 일, 신발장을 열었을 때 깨끗하게 늘어서 있는 신발을 보는 일은 그저 시각적 쾌감만 선사하지 않는다. 언제든 필요한 것을 꺼내 쓸 수 있다는 것만으로도 자신감이 생긴다. 적당한 물건과 적절한 공간의 배합이 과연 삶에 어떤 영향을 미칠까? 실제로 어떤 고객은 이런 말까지 한 적이 있다.

"물건을 줄이고 나니 삶을 잘 통제하고 있다는 인식이 들었어요. 집을 정리했는데 자존감이 높아지더라고요. 그깟 정리가 뭐 그렇게까지 대단하냐 싶지만, 제게는 그랬어요. 하나둘 정리하면서 내가 할 수 있는 사람이라는 걸 깨달았거든요."

내가 '할 수 있는 사람'이라는 것. 이 사실을 깨닫게 된 것은 정리를 하면서 그에게 없던 능력이 생겨서가 아니라 자신이 어떤 사람인지 다시 기억하고 회복했기 때문이 아닐까. 우리가 필요한 것을 그때그때 생각하며 살아갈 수 있는 것은 평범한 기억력을 갖고 있기 때문이다. 오늘 오전에 만난 사람의 얼굴을 기억하고, 내일 할 일에 대해 떠올린다. 그런데 아주 작은 것을 기억하는 데도 시간이 많이 걸린다면 어떻게 될까? 뭐든지 적어두어야 할 것이다. 하지만 우리에겐 기억력이라는 놀라운 능력이 있어서 일일이 적어두지 않아도 된다. 기억이 장기화되면 '아는 것'이 되고, 확실히 아는 것이 많아지면 정보가 되고 지식이 된다. 체계적으로 기억하면 빨리 생각나는 것처럼, 집을 잘 정리해 두면 필요할 때 바로 꺼내 쓸 수 있다.

정리의 효용성은 여기서 끝나는 것이 아니다. 좋은 공간에 머물면 더 많은 에너지와 자유를 느낄 수 있다. 단단한 바닥을 밟고 걷는 듯, 안정감과 확신을 얻게 되는 것이다. 그리고 이러한 변화는 우리의 삶에 긍정적인 영향을 끼친다. 집중력과 창의력이 높아지고, 더 많은 것들을 성취할 수 있게 된다.

이런 의미에서 정리는 자신과의 대화이기도 하다. 물건들과 함께했던 기억과 감정을 되새기고, 그들이 우리의 가치와 목표를 반

좋은 공간은 단단한 바닥에 발을 딛고 서는 일처럼 우리에게 안정감과 확신을 준다

영하고 있는지를 고민하며 불필요한 것들을 버림으로써 더 나은 방향으로 성장해 나갈 수 있다. 우리는 각자 저마다의 고민을 끌어안고 살아간다. 좋아하는 사람이 다른 사람을 좋아해서 고민이라는 사람도 있고, 이직을 해야 할지 말아야 할지 고민하는 사람도 있으며, 투자한 주식의 가격이 떨어져서 고민을 하는 사람도 있다. 집을 팔아야 할지 사야 할지, 다이어트를 해야 할지 말아야 할지, 그 인간과 손절해야 할지 한 번 더 참아야 할지도 고민이다. 이렇게 복잡한 고민거리 속에 정리를 하나 더 얹는 것이 오히려 마음을 힘들게 하는 일인지도 모르겠다.

해답을 알 수 없는 상황에 부딪칠수록, 생각이 복잡할수록, 마음이 혼란스러울수록 "자신이 살고 있는 공간을 정리해 보세요"라고 말하는 이유가 있다. 정리를 하다가 일과 관계에 대한 인사이트를 얻는 일이 제법 많기 때문이다.

이미 오래전에 몸무게 앞자리가 바뀌었는데 나는 왜 여전히 20대에 입던 원피스를 버리지 않고 갖고 있는가? 살을 다시 뺀다고 해도 유행이 지난 디자인인데 이사할 때마다 굳이 '모시고' 다니는 이유가 무엇일까? 비슷한 청바지가 있는데 또 청바지를 사는 이유는 무엇이며 똑같이 생긴 화이트 셔츠와 블라우스는 왜 철마다 사게 되는 걸까? 붉은색 립스틱의 신상이 나올 때마다 왜 매장으로 달려가고 마우스를 클릭하는 손이 바빠지는 걸까? 화이트 셔츠라고 똑같은 화이트 셔츠는 아니고, 붉은 립스틱이라고 불릴 뿐 세상에 같은 레드는 없어서일까?

　나도 옷을 좋아하는 편이다. 쇼핑몰과 백화점에서 두근거리는 마음으로 쇼핑하는 것을 즐기던 때도 있었다. 방송 출연을 하면서부터는 한 번 입은 옷을 또 입으면 금세 티가 나서 옷에 대한 필요성을 더욱 많이 느끼게 되었다. 그럼에도 지금은 예전보다 옷을 덜 산다. 옷에 대한 필요성은 더 커졌는데 소비는 준 것이다. 정리에 눈을 뜨면서부터 '합리적인 소비', '똑똑한 소비'에 대한 안목이 커진 덕분이다. 그보다 더 중요한 이유는 꼭 필요한 것인지, 허기진 마음이 불러낸 불필요한 필요인지 구분하게 되었기 때문이다.

　우리가 건강을 유지하려면 잘 먹고 잘 내보내야 한다. 먹기만 해서도 안 되고 싸기만 해서도 안 된다. 들어오고 나가는 일이 원활해야 건강을 유지할 수 있다. 공부를 할 때도 마찬가지이다. 인풋input만 있고 아웃풋output이 없다면 제대로 공부했다고 보기 어려울 것이다.

　좋은 정리는 집에 있는 기존의 물건을 버리는 일뿐만 아니라 앞으로 어떤 물건을 내 공간 안에 들여놓을 것인가도 고민하게 한다. 정리의 달인은 신발 한 켤레, 그릇 하나, 옷 한 벌을 각 잡아두는 사람이 아니다. 진정한 정리의 달인은 자기 가게에 재고가 얼마나 있는지 알고 있는 주인처럼, 자신에게 필요한 것이 무엇인지 부족한 것이 무엇인지 그때그때 알고 있는 사람이다. 자기 삶의 주인으로 살아가는 사람인 것이다.

정리는 기존의 물건을 버리는 일뿐만 아니라
내 공간에 어떤 물건을 들여놓을 것인지도 고민하는 일이다

## 02

# 당신은 지금
# 어디에서 살고 있는가?

### 5년 전에 멈춰 있는 집

"그 집이 짐이 좀 많아요. 놀라지 마세요."

작년에 집 정리를 하고 인생이 달라졌다고 말할 만큼 만족감이
높으셨던 분이 친동생의 집을 의뢰하고 싶다면서 연락을 주셨다.
짐이 많은 일이야 일상다반사여서 그러려니 했는데 현관문을 열
자마자 깜짝 놀랐다. 정말 짐이 '어마어마하게' 많았던 것이다.

내 직업은 정리 컨설턴트이다. 짐이 많은 집을 찾아가서 정리
컨설팅을 해주는 일을 전문으로 하고 있으니, 짐이 많은 집을 한두
번 본 것도 아니다. 좀 더 솔직히 말하자면 내가 가본 모든 집에는
짐이 많았다. 그냥 많은 것도 아니고 정말 많았다. 그러니 정리를

필요로 하고, 혼자 하기 힘드니까 컨설팅을 받아야겠다는 생각도 했을 것이다.

그런데 이번에 간 집은 단순하게 짐이 많다고 하기엔 조금 이상한 생각이 들었다. 40평대 아파트에 부부가 둘이 산다는데 이렇게 넓은 집에 두서없이 많은 물건들이 놓여 있는 모습에 어떤 '위화감'마저 들었다. 그나마 주방이 조금 괜찮았는데, 가사도우미의 손길이 닿아서인 듯했다.

이 집의 주인은 부부가 모두 대기업 임원이라고 했다. 눈코 뜰 새 없이 바쁜 생활을 할 테니 집 정리에 손을 못 대는 것도 이해는 되었다. 하지만 짐이 많아서 정리를 못하는 것과 짐을 방치해 두어서 정리가 안 되는 것에는 명백한 차이가 있다. 이 집은 어떤 이유에서인지 오랫동안 방치되어 있는 것 같았고, 그것은 단지 부부가 일이 바빠서는 아닌 듯했다.

그런 생각을 하게 된 것은 아내인 지현 씨와 이야기를 나누면서 더욱 강해졌다. 정리 컨설팅에 드는 비용은 결코 적은 금액이 아니다. 시간도 짧게는 하루 이틀에서부터 길게는 일주일 넘게 걸리기도 한다. 어떨 때는 이사를 하는 것보다 더 큰 마음을 먹어야 하는 일이고, 그만큼 변화에 대한 기대도 높기 마련이다.

"아이들과 분리하면서 부부 침실을 되돌리고 싶어요."

"드레스 룸이 꼭 있었으면 좋겠어요."

"작업실로 쓸 수 있는 공간이 필요해요."

정리를 의뢰하면 물건을 버리거나 수납장을 새로 사고 가구 배치를 새롭게 하는 일 등 어떤 식으로든 가족 구성원의 바람이나 자신의 욕구를 드러내기 마련인데, 지현 씨는 전혀 그런 기색이 보이지 않았다. 혹시 친언니가 억지로 밀어붙인 일인가 싶어서 조심스러운 마음이 들었다.

　　"정리를 하면 좋긴 하지만 당장 꼭 필요한 게 아닌데 주변에서 강하게 권하는 바람에 마지못해 수락하는 분도 계세요. 뭔가 불편한 점이 있으시면 편하게 말씀해 주세요."

　　"아, 그런 건 아니에요. 저도 마침 정리가 필요하다고 생각하고 있었어요. 사실 정리가 필요한 건 집이 아닐지도 모르지만요."

　　이 말이 무슨 뜻인지는 나중에 정리를 하면서 어렴풋이 알 수 있었다. 팬트리에 쌓여 있던 거의 모든 식재료의 제조일이 5년 전 날짜였다. 밀가루, 빵가루, 설탕, 소금 등은 물론 커피, 과자와 라면, 통조림에 이르기까지 한결같았다. 우연이라면 우연이겠지만, 그러기엔 너무나 지나친 우연이었다.

　　식재료는 그 집의 순환을 보여준다. 일상을 평범하게 유지하면서 살아가는 가족들의 집에도 유통기한이 지난 것들은 몇 개씩 나오기 마련이다. 그러나 모든 식품의 유통기한이 이렇게 약속이나 한 듯 오래되지는 않는다.

　　이 집의 시간은 마치 5년 전에 멈춰 있는 듯했다.

# 기억과 기억으로서의 공간

쓰지 않고 쌓아둔 물건들도 많았다. 그중에 눈에 띄는 것은 제빵 기계들이었다. 사용한 지 오래된 듯 아무렇게나 처박혀 있었는데 깨끗하게 관리하지 못한 채 군데군데 곰팡이가 슬어 있었다. 집에선 잠만 잘 만큼 바쁘게 살아가는 부부가 손수 빵이나 과자를 만들어 먹은 적도 있었는지, 지금의 상황에선 상상이 잘 되지 않았다. 버릴 것은 버리고 남길 것은 남기는 것을 결정하는 일만 해도 수월할 테지만, 이럴 땐 재촉한다고 해결될 일은 아니라는 것을 알고 있었다. 결심을 하고 정리를 시작해도 시간이 필요한 경우도 있기 때문이다. 다행히 지현 씨는 정리를 하는 동안 뭔가 결심이 섰는지 의견을 빠르게 내주었다. 무엇을 어떻게 정리할지 결정이 된 공간은 직원들에게 나눠 맡기고 나는 지현 씨와 함께 서재로 들어섰다.

"남편의 공간을 제대로 만들어주고 싶은데 여기가 참, 손대기 어렵네요."

있는 것이라곤 책상, 책꽂이 세 개에 빼곡하게 꽂힌 책들과 크고 작은 상자 예닐곱 개였는데 왜 다른 곳보다 유난히 서재 정리를 어려워하는지 의아했다. 책들은 정갈하게 정리되어 있다고 보기 어려웠지만 엉망진창인 편도 아니었다. 팬트리 안에 쌓여 있던 물품들을 볼 때처럼 손길이 닿은 지 오래되었다는 느낌만 받았다. 책을 살펴보는데 자폐증에 대한 책이 수십 권도 넘어 보였다. 혹시 아이가 있고, 이 책들이 아이와 관련된 일인가 싶었지만, 집 안 어디에도 아이 물건을 발견할 수는 없었다. 그제야 상자에 눈이 갔다.

"저 상자 안엔 뭐가 들어 있어요?"

"…아이 물건이요…. 5년 전에… 세상을 떠났는데 어떻게 해야 할지 몰라서…"

그녀의 눈가가 붉어지더니 말을 잇지 못했다. 나도 한동안 말을 아꼈다. **왜 이 집 안의 모든 식품들이 5년 전을 가리키고 있는지, 제빵 기계가 누구를 위한 것이었는지, 이 집이 통째로 방치될 수밖에 없었는지, 한꺼번에 이해가 되었다.**

"아이가 다섯 살 때 자폐증 진단을 받았어요. 오랫동안 기다렸던 아이였기에… 하늘이 무너지는 줄 알았죠. 그래도 너무 사랑스러운 우리 아이니까 뭐든지 해보자고 했어요. 저도 남편도 정말 많이 노력했어요. 그이는 책이라는 책은 다 구해서 읽고 휴직까지 했죠. 아까 보셨던 제빵 기계들도 아이랑 같이 하려고 산 물건이에요. 그런데 아이가 초등학교 입학하던 날 사고가 났어요. 하늘나라에 간 지 5년이 됐네요. 지금까지 어떻게 살았는지 모르겠어요. 남편도 저도 일만 했던 것 같아요. 일에라도 몰두를 안 하면 미칠 것 같았으니까."

부부는 어느 순간 말을 잃었다고 했다. 대화 주제의 90퍼센트 이상이 아이였다. 아이를 돌보는 일을 나누고, 아이의 미래를 걱정하고, 아이가 나아질 수도 있는 희망에 가득 찬 날엔 부부도 웃었고, 더 나아질 수 없다는 점에 직면했을 땐 좌절하며 울었다. 그렇게 아이를 중심으로 집 안의 물건을 바꿔가고 아이를 가운데 두고 대화를 나누던 부부는 아이가 사라지자 같이 할 일도, 같이 할 말도 잃어버리고 말았다. 그리고 이후 5년 동안 침묵의 집에서 살아온 것이다.

"저도 남편도 많이 지쳤는데 그걸 표현하지 못하고 살았어요. 주변에 걱정을 끼치지 않으려고 바쁘게만 살았죠. 어느 날 밤에 먼저 잠든 남편을 보는데 머리가 하얗게 세었더라고요. 이 사람은 무슨 낙으로 살아가나 싶었죠. 저도 마찬가지였고요. 밤새 한숨도 못 잤어요. 더 이상 이렇게 살면 안 되겠다는 생각만 들었어요."

아이를 잃은 아픔을 무엇에 비유할 수 있을까. 단장지애斷腸之哀라는 말로도 그 아픔은 형언할 수가 없을 것이다. 나도 아이들을 키우지만, 비록 말썽을 피우고 말을 안 들어도 아이들을 잃어버린다는 생각조차 할 수 없을 만큼 아이의 죽음은 상상 밖의 고통이다.

우리가 너무나 사랑하는 사람을 잃으면, 그와 함께 있던 공간도 죽는 게 아닐까. 아이와 함께 숨 쉬고 빵을 굽고, 매일 아침 살 냄새를 맡고, 잔소리를 하고, 화를 내고 사과를 하고, 두 손으로 작은 몸을 꼭 껴안던 공간은 더 이상 살아 있는 공간이 아니게 된다. 현재의 공간을 더 이상 버티지 못해 과거에 못 박힌 채 하루하루 보내는 것이다.

그러나 다른 마음으로 바라보면, 이 집은 무관심하게 방치된 게 아니었다. 차마 아이를 혼자 보낼 수 없어서 아이가 있던 흔적을 이렇게라도 남기고자 하지 않았을까. 이 집은 한 아이가 살았던 공간과 시간에 대한 기록이자 기억이었다. 날짜가 지난 식품들이, 곰팡이가 피어 있는 제빵 기계가, 손을 대지 못한 책들이 하루라도 더 살기를 바랐을 부부의 마음처럼, 절절하게 다가왔다.

## 더 행복해지기 위한 연습

현재를 살아간다는 사실은 그것만으로도 충분한 축복이라고 생각한다. 현재를 축복으로 받아들이며 살아가자는 말은 죽은 사람은 잊고 산 사람은 살자는 뜻이 아니다. 그런 말은 감히 입 밖으로 꺼낼 수도 없다. 죽음이 서로를 갈라놓았다고 해서 사랑했던 기억마저 사라지는 것은 아니다. 오히려 그 짧은 시간이 애틋해서 더 오래오래 기억할 수밖에 없을 것이다.

아이를 가슴에 묻었다고 말한 지현 씨는 이제는 아이를 가슴에 품었다고 했다. 아이를 위해서라도 남편과 더 대화를 해보고 싶다고 했다. 과거의 그림자를 길게 껴안고 살아오느라 지친 남편을 위해 서재를 새로 꾸며주며 지현 씨는 살짝 웃어 보였다. 정리를 시작하기 전에는 무표정했던 얼굴이, 정리를 하는 동안에는 우는 듯

집은 그 안에서 살아가는 사람들이 써내려 간 한 편의 이야기이다

했다가, 정리가 끝난 후엔 미소를 띠고 있었다. 힘든 일을 겪기 전에 이 얼굴 위로 얼마나 다양한 표정이 지나갔을까 생각하면 마음이 묵직해지면서도 안타까웠다. 그녀가 더 많이 웃게 되기를 진심으로 바랐다.

정리가 마무리되던 날은 지현 씨의 남편, 호중 씨가 출장에서 돌아온 날이었다. 지현 씨가 중간중간 보내준 사진을 통해 집의 공간이 하나둘 바뀌어가는 모습을 보긴 했지만 직접 눈으로 확인하고는 크게 놀란 듯했다. 정말 많은 물건을 버렸지만, 지현 씨는 제빵 기계만큼은 버리지 않고 현관 앞에 두었다. 남편에게도 작별 인사가 필요할 것 같다는 이유에서였다. 아이와의 추억이 가득 묻어 있는 제빵 기계를 보는 호중 씨의 눈시울이 붉게 변했다. 한동안 아무 말도 하지 못했다.

어느 날 아이가 갑자기 세상을 떠난 후 정신이 아득해진 채로 살았지만 아이가 사랑하던 물건들은 아직도 자리를 잃어버리지 않은 채 놓여 있었다. 차마 정리하지 못했던 이유는 그곳에 아이의 존재가 남아 있기 때문이었다. 정리를 시도하면 할수록 마음이 무거워졌을 것이다. 호중 씨는 제빵 기계를 어루만지며 눈물을 참지 못했다.

"우리가… 이걸 정리한다고 해서 아이를… 버리는 건… 아니잖아요."

지현 씨가 남편의 등을 가만히 어루만졌다.

"우리가 계속 이렇게 방치해 두는 걸… 아이도 원하지 않을 거예요."

호중 씨도 아내의 말에 동의하는 듯 고개를 끄덕였다. 그래도 선뜻 제빵 기계에서 손을 떼지 못했다. 꽤 오랜 시간이 흘렀지만 마음의 상처는 아직도 아프고, 아이의 물건을 정리하는 것은 더욱 힘든 일이었다. 부부의 시선이 마주쳤다. 그들은 서로를 바라보며 고개를 끄덕였다. 호중 씨가 무릎을 꿇고 아이의 머리를 쓰다듬듯, 제빵 기계를 어루만졌다.

"이제는 안녕! 엄마와 아빠는 평생 너를 기억하고 사랑할게."

그의 목소리가 한결 편안해진 것이 느껴졌다. 아이가 이제 편안한 곳에 있으리라 믿으니까. 부부는 함께 제빵 기계를 들고 현관을 나섰다. 발걸음을 옮길 때마다 아이와의 소중한 기억들을 되새기며 마음을 정돈했으리라.

아이의 물건을 정리하는 과정은 아프고 힘든 일이었지만 앞으로 서서히 치유될 것이라고 믿었다. 아이를 생각하면 마음이 무거운 것은 변함없더라도 새로운 첫걸음을 내딛었으니까 말이다. 잠시 후 부부는 손을 잡고 들어왔다. 그새 정리도 거의 마무리되어 뒤엉켜 있던 물건들이 제자리를 찾았다. 마치 얽혀 있던 감정들이 풀려나간 듯 집 안 공기가 가벼워지고 있었다. 정리를 통해 부부관계에도 변화가 생길 것이라는 사실을 직감하는 순간이었다.

지현 씨의 집을 다녀온 후부터 정리되지 못한 공간을 보면 선입

견처럼 따라오던 부정적인 마음을 내려놓으려고 노력했다. 정리되지 못한 공간이 반드시 나쁜 공간인 것은 아니며, 오히려 잘 정리된 공간보다 그 안에서 살아가는 사람들에 대해 많은 것을 알려준다. 공간은 물리적 공간인 동시에 심리적 공간이기도 하기 때문이다. 그래서 때로 방치된 공간, 어질러진 공간은 우리가 과거에 머물러 있는지 현재를 살고 있는지 묻는 듯하다.

"당신은 지금 어디에서 살고 있나요?"

# 03

# 정리를 못하는 것이 아니라
# 안 하는 것이다

## 언제부터 정리가 힘들어졌을까

정리에 대해 이야기를 나누다 보면, 두 갈래로 나뉘는 것 같다. 정리를 좋아한다는 파와 잘하지 못한다는 파. '좋아한다'와 '싫어한다'로 나뉘어야 할 것 같은데 의외로 싫어한다는 사람은 거의 없다. 그보다 잘하지 못한다는 의견이 압도적으로 높다. 그러면서 이렇게 덧붙인다.

"저는 정리를 '원래' 잘 못해요."

'원래'라는 말은 '처음부터'라는 뜻인데 정리에 약한 DNA라도 갖고 태어났다는 것일까? 그렇다면 정리를 잘하는 '집안'과 '가문'은 따로 있는 것일까? 정확하게 확인할 방법은 요원하지만 정리는 재능보다는 습관에 가깝다고 생각한다. 정리를 못하는 사람도 정리법을 배우면 평균 이상은 할 수 있다는 뜻이다.

내가 정리를 학습이라고 말하는 이유는 단순하다. 처음부터 정리를 못하는 사람은 없다고 생각하기 때문이다. 자신의 과거를 떠올려보자. 아주 어린 시절로 거슬러 올라가면 어린이집에 다닐 때부터 '쓴 물건은 제자리에 두기'를 배웠을 것이다. 유치원이나 초등학생 때도 일종의 '생활습관'으로 우리는 물건을 깨끗하게 쓰거나 제자리에 두는 법을 배운다. 그 시절 우리는 모두 '정리왕'이었다. 그런데 언제부터 정리가 이렇게나 어려운 일이 되었을까?

정리가 힘들어지는 순간은 명료하다. 통제 가능한 공간의 넓이에 비해 물건이 과도하게 많아질 때이다. 한마디로 재고 파악이 제대로 안 되는 것이다.

"우리 집에 컵이 몇 개인지, 청바지가 몇 벌인지, 신발이 몇 켤레인지, 책이 몇 권인지, 가방이 몇 개인지 정확히 알고 있나요?"

만약 이런 질문을 받는다면 대부분의 사람들은 놀라며 이렇게 대답할 것이다.

"그걸 어떻게 알아요? 알고 있는 사람이 더 이상하지 않아요?"

그렇다면 질문을 다르게 해보겠다.

"통장에 잔고가 얼마인지 아시나요?"

이 질문엔 좀 더 정확한 대답이 나온다. 10원 단위까지는 아니더라도 얼추 생각하고 있는 금액과 실재하는 금액의 오차는 크지 않을 것이다. 마지막으로 질문을 하나 더 해보겠다.

"집에 함께 사는 식구가 몇 명인가요?"

이 질문에는 한 치의 오차도 없는 정확한 답을 할 것이다. 대개는 반려동물까지 포함해서 똑 부러지게 대답을 한다. 그런데 왜 어떤 것은 숫자를 정확히 알고 있고, 어떤 것은 잘 알지 못하는 걸까? 숫자의 크기에 따라 달라지는 것일까? 심지어 어떤 나라나 도시의 총인구수는 알면서도 내 집 안의 물건 수는 모른다. 태양계의 행성 수는 알아도 우리 집 냉장고 속의 달걀이 몇 개 남았는지는 모른다. 이게 과연 당연하게 여길 일일까?

내가 만난 '원래' 정리를 못한다고 말하는 사람들에게는 몇 가지 공통점이 있었다. 아래 체크리스트를 보면서 스스로의 정리 점수를 매겨보자.

- 동전이 집 안 곳곳에 굴러다닌다
- 택을 뜯지 않은 옷이 많다
- 고장난 전등이 하나 이상 있다
- 집 안에 죽은 화분이 방치되어 있다
- 옷장이 아닌 소파나 식탁 의자 등에 옷이 쌓여 있다
- 나무젓가락 같은 일회용품을 모아두었다
- 가족들이 방 좀 정리하라고 잔소리를 한다
- 추억 때문에 절대 버릴 수 없는 물건들이 많다

우리가 소유한 물건이 빛날 때는 적절한 순간 제대로 쓰임을 해낼 때이다

- 언젠가 살 빼면 입으려고 보관하는 옷이 있다
- 식사 후 설거지는 바로 하지 않고 일단 쌓아둔다
- 나는 너무 바빠서 정리할 시간과 에너지가 없다
- 사실 나는 마음만 먹으면 언제든지 정리할 수 있다

　어떤가? 속이 뜨끔할 만큼 자신의 정리 습관에 대해 되돌아보는 기회가 되었다면, 정리가 무엇인지부터 돌아보자. 정리가 무엇인지 한마디로 정의하긴 어렵지만, 무엇이 정리가 아닌지는 쉽게 말할 수 있다. 우선, 물건을 여기에서 저기로 이동만 하는 것은 정리가 아니다. 냄비를 주방에 두었다가 수납장 속에 넣었다가 팬트리로 옮기는 것을 정리라고 볼 수 있을까? 일시적인 정리라고 할 수는 있겠지만 진정한 의미의 정리는 아니다.

　진짜 정리는 그 물건이 마땅히 있어야 하는 공간, 즉 제자리를 찾아주는 일이기 때문이다. 물건들이 제자리를 찾으면 찾을수록, 다른 물건과 조화를 이루며, 공간의 어울림이 무엇인지 알게 된다. 한 번 자기 자리를 찾은 물건들은 그곳에서 행복하게 자신의 쓰임을 다한다. 우리가 소유한 물건이 빛날 때는 적절한 순간 제대로 쓰임을 해낼 때이다. 화장실에 들어갔는데 휴지가 없다면, 어딘가에 있을 수백만 개의 휴지가 다 무슨 소용이겠는가. 데이트하러 나갈 때 마땅히 입을 옷이 없다면 옷장 속의 수많은 옷들이 다 무슨 소용이란 말인가.

물건들이 자기 쓰임을 다하려면, 깨끗해야 할 뿐만 아니라 제자리에 있어야 한다. 각각의 물건에도 적당한 자기만의 공간이 필요하다는 사실을 아는가? 미술관이나 박물관에 갔을 때 왜 유난히 여유로움을 느낄까? 명품 매장에서 옷을 입으면 왜 나도 연예인처럼 느껴질까? 그림이 멋있고, 수집품이 화려하고, 명품 옷이 아름다워서일 수도 있다. 하지만 그 물건들이 아무렇게나 쌓여 있고, 쓰레기와 함께 뒹굴어도 우리는 만족감을 느낄까? **물건이 물건의 값어치를 하는 이유는 적절하게 돋보이는 공간에 놓여 있기 때문이다. 물건을 정리할 때 수납을 생각하되, 공간의 총량도 함께 생각해야 하는 이유이다.**

나는 시간이 나면 집 근처의 작은 숲에 가서 조용히 생각을 정리하는 것을 좋아한다. 다양한 나무들이 적당한 간격으로 서 있는 것을 보면, 자연이야말로 '최고의 정리왕'이라는 것을 실감하곤 한다. 만약 키 큰 나무들이 빽빽하게 들어찬 숲이 있다면 그곳을 아름답게 여길까? 자주 찾아가고 싶을 만큼 평온한 공간이라고 느낄까? 빛도 제대로 들어오지 않는 어둡고 음습한 공간에서 여유를 느낄 수 있을까?

수저통을 가득 채워 넘칠 것 같은 커트러리 세트(심지어 짝도 잘 안 맞는다)와 상부 수납장을 가득 메운 머그컵들(사은품으로 받은 것이다), 서랍을 열자마자 한가득 보이는 나무젓가락과 일회용 수저들(몇 년이나 된 것인지 알 수 없다)이 왜 나의 소중한 공간을 차지하고 있는 것을 그대로 보고만 있는가? 우리가 사는 집에 주소가 있는 것처럼 우리가 쓰는 물건에도 각자의 주소가 있다. 이 주소를 갖지 않은 물건은 오늘은 여기에서 내일은 저기로, 내일은 저기에서 모레는 다시 여기로 이동하는 신세가 된다. 집도 절도 없는 뜨내기처럼 자기 자리를 잡지 못하고 떠돌아다니는 것이다.

얼마 전, 동영상 강의를 촬영하던 중이었다. 카메라를 들고 묵묵히 촬영하던 감독님이 쉬는 시간에 옆으로 다가와 궁금한 게 있는데 질문을 해도 되냐고 물었다. 강의 내용 중에 모르는 게 있거나 정리에 대해 더 자세히 알고 싶어서 그런가 싶어 흔쾌히 괜찮다고 했다.

"저처럼 원래 정리를 못하는 사람을 위한 비법이 있을까요?"

"언제부터 정리가 힘들어졌어요?"

"글쎄요, 그냥 어느 순간 귀찮아진 것 같아요. 솔직히 정리 안 해도 사는 데 지장 없잖아요. 일하는 것만 생각해도 힘들어서 정리할 시간이 없어요. 나중에 해도 되지 않아요?"

"맞아요. 당장 안 해도 상관없죠. 그런데 감독님은 왜 열심히 일하세요?"

"돈 벌려고요."

"돈 벌어서 뭐 하시려고요?"

"집도 사고, 좋은 카메라도 사고 싶어서요."

"집에선 주로 뭐 하면서 지내세요?"

"요즘엔 잠만 자는 것 같아요."

"잠만 자는 곳이면 고시원에서 살아도 되는데 집은 왜 사려고 하세요?"

오해하지 않길 바란다. 내가 감독님과 싸우자고 이런 대화를 이어나간 것은 아니었다. 사람들이 정리에 대해 은근히 갖고 있는 '반감'을 모르는 바도 아니었다. 그래서 정리에 대해 사람들이 갖고 있는 일반적인 생각이 어떤 것인지 더욱더 궁금했다. 일을 왜 열심히 하냐는 물음에 감독님은 돈을 많이 벌어서 집을 사고 싶다고 대답했다. 그런데 이상하지 않은가. 어차피 바빠서 잠잘 시간밖에 없는데 굳이 집을 왜 사려고 하는지 말이다.

"결국 돈을 버는 이유가 하고 싶은 일 하면서 좋은 환경에서 지내고 싶어서겠죠?"

감독님은 고개를 끄덕였다. '하고 싶은 일 하면서 좋은 환경에서 지내고 싶다'는 욕구는 '돈'을 많이 벌면 되는 문제로 보이지만, 돈만 많다고 좋은 환경을 가질 수 있는 것은 아니다. 좋은 집이 과연 좋은 환경일까? 일부 맞는 말이라고 생각한다. 그러나 수십 억 대의 화려한 아파트에 살면서도 제대로 공간을 쓰지 못하는 사람들을 수도 없이 보았다. 70~80평대의 집에 나를 위한 공간이 단 한 평도 없는 분도 있었다. 평수가 좁고 낡은 집에 살면 자신을 불행하다고 느낄까? 오래된 구축을 자신의 취향대로 가꾸면서 만족스럽게 사는 분도 많다. 도대체 뭐가 다른 것일까?

자신의 집에 만족하면서 사는 분들의 공통점은 잘하고 못하고를 떠나서 자신만의 공간을 만들고 그에 맞게 정리를 하면서 산다는 것이다. 남들이 볼 때 다소 혼란스러운 것 같아도, 혼자만의 질서를 구축해서 필요한 것을 척척 찾아내며 그 안에서 편안함을 느낀다면 뭐가 문제겠는가. 결국 정리는 편리함과 이어지는 것이기도 하다. 우리 삶에 실제로 유용하지 않다면 정리가 이렇게까지 인기 있는 콘텐츠가 되지는 않았을 것이다.

## 재능이 아니라 관심의 문제

삶을 바꾸고 싶다면 지금 당장 방부터 정리하라는 사람도 있고, 그 사람이 머무는 공간이 그가 어떤 사람인지 보여준다는 말이 있다. 정리가 급하지 않다는 사람도 있고, 정리부터 해야 마음이 편안하다는 사람도 있다. 하면 좋다는 것은 알고 있지만 몸은 움직이지 않는다고도 한다. 언제든 할 수 있지만 지금은 하고 싶은 때가 아니라는 말도 한다. 나는 정리를 꼭 잘해야만 한다고 생각하지는 않는다. 정리를 '잘하는' 것과 정리를 '하는' 것에는 차이가 있기 때문이다. 정리를 꼭 잘해야지 잘사는 것은 아니다. 여력이 된다면 전문가를 불러서 도움을 받아도 되고, 그렇게까지 하고 싶지 않다면 나만의 방식으로 해나가도 된다.

정리에 필요한 건 재능이 아니라 꾸준한 관심이다

물건이 어디에 있는지 몰라서 찾고 찾다가 결국 못 찾고 다시 또 사게 되더라도 남에게 폐를 끼치는 일은 아니고, 내 돈을 내가 쓰는데 남이 간섭할 일도 아닌 것이다. 정리를 안 하고 못하는 것이 엄청나게 문제라기보다 그냥 내가 정리에 관심이 없다고 생각하면 그만이다. 모든 사람들이 정리에 관심을 갖는 것도 아니고, 정리에 대한 인식이나 수준도 다르며, 필요성을 느끼는 점도 제각각이기 때문이다. 하물며 누구나 정리의 달인이 될 필요도 없다.

정리에 재능을 타고난 사람이 있을 수도 있다. 놀라운 초감각으로 오와 열을 정확하게 맞추고 눈에 그라데이션이 보일 만큼 색깔대로 정돈하고, 한 치 오차 없이 각을 뜨는 일을 어렵지 않게 해내는 사람 말이다. 정리에 대한 자신만의 확고한 철학을 갖고 정리의 격을 몇 단계 올리는 성찰 가득한 이야기를 해주는 사람이 있다면, 나도 꼭 한번 만나보고 싶다. 언제부터 정리 천재였는지, 어떻게 관심을 갖게 되었는지, 정리 스킬과 테크닉은 물론 한 수 높은 정리의 법칙과 공간의 삶과 죽음에 이르기까지 이야기 나누고 싶다. 스티브 잡스가 "소크라테스와 점심 한 끼를 먹을 수 있다면 내 전 재산을 내놓겠다"고 했던가. 나는 비록 전 재산을 내놓진 못하겠지만, 비싼 수업료를 감수하고서라도 기꺼이 만나서 배우고 싶다.

그러나 우리 모두가 '정리 천재'가 될 필요는 없다. 나도 물론 정리 천재는 아니다. 다만 정리에 관심이 많을 뿐이다. '관심'. 바로 이 관심이 중요하다. 정리를 하는 데 필요한 것은 재능이 아니라 관심이기 때문이다. 우리는 좋아하는 것에 관심을 갖는다. 그리고 관심을 기울이는 것을 좋아하게 된다. 돈을 좋아하는 사람은 돈에 관심을 기울이고, 사람을 좋아하는 사람은 사람에 관심을 기울인다. 어떤 것에 관심조차 두지 않으면서 그것을 좋아한다고 말한다면, 그것은 거짓말에 불과하다. 그래서 수많은 연인들이 "날 좋아하는 게 맞냐?"며 상대의 무관심에 서러워하는 것이 아닌가. 투자에 관심이 없고, 부동산 정보에 무지하고, 저축도 하지 않고, 직장에서 연봉을 높이는 법도 고민하지 않으면서 돈을 좋아한다고 말하는 사람도 있을 수 있다. 그러나 자신은 돈을 좋아할지 몰라도 돈은 그런 사람을 좋아하지 않는다. 우리가 누군가를 좋아하고 정성을 기울일 때 그도 똑같이 나에게 진심을 보이는 것처럼, 돈도 자신을 좋아하는 사람을 따라다니기 때문이다.

정리도 마찬가지이다. 타고난 재능을 가진 사람일수록 그 분야에 관심을 더 많이, 깊은 강도로 갖는다. 골프 선수가 골프에 관심을 기울이고, 가수가 노래에 관심을 기울이고, 투자자가 돈의 흐름에 관심을 기울이는 것처럼 정리에 재능이 뛰어난 사람은 더 나은 정리법이나 공간의 의미에 대해 고민하고 생각하고 관심을 기울일 것이다. 그러나 다시 한번 더 강조하지만, 우리 모두 정리 천재가 될 필요는 없다. 음악을 듣고, 웃긴 농담에 웃음을 터뜨리고, 맛집을 찾는 것처럼 자연스러운 일상의 감각이 필요할 뿐이다. 좋아하는 가수의 신곡이 발표되면 누가 알려주지 않아도 찾아서 듣는다. 재미있는 드라마는 주말에 몰아서라도 본다. 내일 당장 출근을 해야 하는데도 도무지 중간에 끊을 수가 없는 웹툰은 밤을 새서라도 본다. 하지 말라고, 하지 말라고, 도시락 싸고 쫓아다니면서 말려도 좋아하면 기어이 하는 게 사람의 속성이다. 어느 날 아이돌에 '덕통' 사고를 당해 '최애'를 만난 내 친구는 이렇게 말했다.

"내가 이 나이에 이렇게 빠질 줄은 몰랐어."

그 친구는 새로운 자신을 발견했다며 우울하던 마음도 거짓말처럼 싹 나았다고 했다. 사는 게 너무나 신나고 즐겁고 밝고 행복할 수가 없다며 이렇게 좋은 것(덕질을 말한다)을 왜 이제야 알았는지 모르고 살았던 지난 시간이 아깝다고까지 했다. 친구의 말을 들으며 정리 덕후인 나는 이런 생각이 들었다.

"맞아! 지금까지 몰랐던 거야!"

정리를 원래 못하는 사람은 없다. 정리를 못한다고 생각하며 안 했을 뿐이다. 안 하다 보니 관심을 갖지 못했을 것이다. 혹시 지금까지 정리를 못하는 사람으로 자신을 생각해 왔다면 아직 관심을 가질 계기가 없어서가 아니었을까? 내가 머무는 공간이 내 몸과 마음과 정신과 영혼에 어떤 영향을 미치는지 몰라서가 아니었을까? 그것을 깨달으면 답답함을 느끼던 삶의 속도가 달라질 만한 '무엇'이 보이진 않을까? 그 깨달음이 소름 끼칠 정도로 미친 깨달음이 아니어도 된다. 정리에 대해 품고 있던 선입견에 실금 하나 낼 수 있는 일상적인 의문, 아주 작은 질문을 던져보는 것만으로도

원래 정리를 못하는 사람은 없다. 못한다고 생각하며 안 했을 뿐이다

충분하다.

지금까지 정리에 관심이 없었던 사람들을 위해 작은 팁 세 가지를 알려주고자 한다. 부담스럽지 않으면서도 당장 실천할 수 있는 것들이다. 첫 번째는 '원 씽one thing'이다. 매일 한 개의 물건이나 아이템을 정리하는 것이다. 불필요한 서류, 오래된 식재료, 안 입는 옷 등 무엇이든 좋지만 특히 권하는 것은 일회용품을 바로 처리하는 것이다. 쓰지 않을 일회용품은 아예 받지 않거나, 습관적으로 받아온 물건이 있다면 오늘 안에 처리해 보자.

두 번째는 '3분 정리'를 실천하는 것이다. 매일 아침이나 저녁, 시간을 정해서 3분 동안 주변을 정리하고 정돈하는 습관을 만들어보자. 3분 동안 부담 없이 서랍 한 칸을 정리하거나 책상을 정돈하는 등 작은 공간부터 시작하면, 조금씩 습관을 형성할 수 있다.

세 번째는 'DIY 프로젝트와 연결'하는 것이다. 정리하고자 하는 공간을 예쁘게 꾸미거나 변형을 시도해 보자. 예를 들어, 책상 정리를 하면서 동시에 색상을 조합해서 색다른 분위기를 연출하거나, 사용하지 않는 물건을 활용한 독창적인 작품을 만들어보는 것도 재미있다. 정리와 창작을 결합하면 의외로 즐거운 경험을 얻을 수 있다. 이 세 가지 팁의 공통점은 시작은 무조건 작게 하라는 것이다. 소소하지만 재미있게 해보면서 정리에 대한 관심을 키워보자. 작은 변화들이 모여 큰 변화가 만들어질 것이다.

## 04

# 물건 버리기 기술

## 우리는 왜 버리지 못할까?

한때 미니멀리즘의 열풍이 불었다. 최소한의 것으로 최대의 만족도를 느끼며 사는 사람들을 동경하는 풍조마저 생겼는데 이런 영향 때문인지 '정리' 하면 갖고 있던 물건을 죄다 버리고 최소한의 물건만 두고 살아야 한다고 생각하는 사람들도 있는 것 같다. 그러나 정리를 해본 사람은 알 것이다. 물건을 버리는 일이 결코 쉽지 않다는 것을 말이다.

게다가 내 마음에 들지 않는다고 마음대로 갖다 버릴 수도 없다. 가족이 함께 사는 집이니 애착을 갖는 물건도 다르다. 아내에겐 필요 없다고 생각되는 물건도 남편에겐 버리기 아까운 것일 수 있고, 부모에겐 이해가 안 되는 물건이지만 자녀에겐 애지중지하는 보물일 수도 있다. 사람마다 감정적인 이유나 가치관, 환경적인 이유 등이 다르기에 물건을 버리지 못하는 이유도 다양할 수밖에 없는 것이다. 그렇기에 집을 정리하는 과정에서 가족의 감정과 관점을 이해하는 것은 굉장히 중요하다. 독립적인 공간을 갖고 있어서 자기 방에 자기 물건만 있는 경우라면 스스로 버릴 것을 고를 수 있지만 가족 구성원이 하나의 드레스 룸을 공유한다거나 거실이나 욕실, 주방처럼 공동으로 사용하는 공간의 경우 마음대로 처분하기가 어렵다.

그런데 물건을 버리기 어려운 이유가 정말 물건 자체에만 있는 걸까? 어떤 물건은 쉽게 버리는데 왜 어떤 물건은 쓰지도 않으면서 기어이 갖고 있을까? 집 안에 놓인 물건들은 대부분 지나간 시간과 추억을 함께 간직하고 있다. 특별한 순간이나 소중한 사람과의 기억이 물건 하나하나에 담겨 있기 때문에 그 물건을 버리면 기억마저 사라질까 봐 남기고 싶은 것이다. 언젠가는 이런 말도 들은 적이 있다.

"소중한 사람과의 추억이 담긴 물건을 보면 그와 영혼이 연결되어 있는 것 같아요."

누군가는 이렇게 물을지도 모른다. 물건은 물건일 뿐이지 않느냐고. 물건은 물건인 동시에 감정의 매개체이기도 하다. 그 자체로 특별한 사람과의 연결고리가 되는 것이다. 생일선물로 받은 커피

나에게 애착과 안정을 주는 물건은 쉽사리 버리기 어렵다

잔, 오래전 친구가 보낸 엽서, 여행지에서 구입한 키링 등에는 당시의 감정이 담겨 있기 때문에 물건을 버리면 그것을 준 사람의 애정과 성의를 버리는 것 같은 죄책감이 들기도 한다. 그리고 인생의 어느 힘든 순간, 소중한 사람이 준 물건을 통해 다정한 관계를 추억하며 다시 살아갈 힘을 얻기도 한다.

아이들이 어려서 끌고 다니던 애착 담요처럼, 남에겐 한낱 고물처럼 보일지 몰라도 나에게 안정과 위안을 주는 물건들은 버리기 힘들다. 무의식적으로라도 이것을 버리면 불안정해질까 봐 무심코 지나치는 경우도 많다. 특히 스트레스가 쌓이는 시기에는 집 안에서 안식처를 찾게 되는데, 익숙한 물건들이 주는 위안과 안정감은 일종의 치유 마법과 같다. 이런 감정들에 익숙해지면 물건을 점점 더 버리지 못하게 된다.

이런 안정감이 굳어지면 변화에 대한 두려움으로 이어지기도 한다. 오래 써온 물건들이 있는 공간에 오래 머물면 안정된 상태를 유지하고자 하는 욕구가 생긴다. 새로운 환경과 상황에 적응하는 데는 시간이 걸리고 불안감도 느낀다. 이런 상황에서 나에게 익숙한 물건들을 유지하는 것은 일종의 방어적 반응일 수 있다. 물건을 버리면 새로운 환경과 상황에 적응하는 것과 비슷한 상태가 되기 때문에 변화에 대한 두려움을 느끼며 회피하고 싶은 것이다.

또한 자신의 정체성을 보여주는 물건도 버리기 어렵다. 집 안을 어떤 물건으로 채우는가를 보면 이 사람이 어떤 것을 중요하게 여기는지 알 수 있다. 패션 디자이너라면 옷이 많을 것이고, 작가라면 책이 많을 것이고, 푸드스타일리스트라면 그릇이 많을 것이다. 물건은 다른 사람들에게 자신을 표현하는 수단이기도 하다. 특히 집 안의 인테리어와 가구들은 방문하는 사람들에게 자신을 어떻게 보이고 싶은지를 드러내는 중요한 역할을 한다. 따라서 물건을 버리면 자신의 인식과 타인의 인식이 달라질까 봐 걱정이 되는 것이다.

특정한 물건이 나 자신이라는 생각을 하면 애착도 커진다. 물건이 자신을 반영한다고 생각하기 때문이다. 헤어핀이나 팔찌 같은 작은 액세서리가 자신의 스타일과 개성을 나타내는 데 특별히 중요하다고 여긴다면, 더 이상 착용하지 않는 액세서리가 상자마다 가득 넘치더라도 선뜻 버리긴 어려울 것이다.

언젠가 수석을 취미로 가진 분의 집에 간 적이 있는데, 크고 작은 돌이 발 디딜 틈 없이 집 안 가득했다. 가족들은 이제는 말릴 수도 없다며 고개를 절레절레 흔들었지만 그분한테는 돌이 그냥 돌이 아니었다. 애지중지하며 돌을 아끼는 것은 물론이고 자신을 나타내는 상징적인 존재라고 여기는 듯했다. 취향과 취미를 보여주는 물건들은 특히 정체성과 연결되어 있기 때문에 마지막의 마지막까지 버리기 어렵다.

## 불편보다 두려운 건 불안

물건을 버리기 어려워하는 이유는 과거의 추억이나 현재의 정체성뿐만 아니라 미래의 필요성과도 관련이 있다. 그리고 이것이 아마 대부분의 사람들이 잘 버리지 못하는 결정적 이유일 것이다. 바로 '언젠가 쓸지도 모른다'는 생각이다. 10년 전에 입었던 옷이 언젠가 다시 유행할 수도 있고, 어머니에게 물려받은 식기세트가 레트로 유행으로 돌아올 수도 있다. 현재 쓰고 있지 않다는 확실성보다 미래에 쓸지도 모른다는 불확실성에 더 크게 가치를 두면 버리기 어려워진다.

몇 년 전 집 정리를 한 인연으로 간간이 안부를 주고받던 유리 씨가 어머니의 집을 맡기고 싶다면서 연락을 했다. 약속한 날짜에 가 보니 생각보다 짐이 많지 않아 보였다. 그런데 유리 씨가 슬며시 웃으면서 이런 말을 하는 게 아닌가.

"대표님, 겉만 보시면 안 돼요. 이 집은 겉과 속이 달라요."

처음엔 농담을 하는가 싶었는데 이 말이 무슨 뜻인지 이내 알게 되었다. 눈에 보이는 곳은 정리가 되어 있었지만 보이지 않는 곳에는 언제 쓸지 모르는 물건들로 가득 차 있었던 것이다. 싱크대 상부장 안에는 죽통과 유리병이 수십 개씩 산적해 있었고, 서랍장 안에는 나무젓가락이 셀 수 없을 만큼 많았다. 압권은 베란다였다. 베란다 입구부터 상자들이 차곡차곡 쌓여 있어서 들어갈 수조차 없었다.

"저 상자 안에 뭐가 들어 있는지 저희도 몰라요."

유리 씨는 당장 다 갖다버리고 싶지만 어머니가 한사코 고집을 부린다고 했다. 언젠가는 쓸 일이 있다는 것이었다. 차근히 어머니의 이야기를 들어보았다. 전쟁을 겪은 세대, 먹을 게 없고 물자가 귀해서 보이는 것은 다 모아두고 아끼며 그렇게 5남매를 키웠다. 이제는 제법 풍족하게 살고 자녀들도 먹고살 만해졌는데도 예전의 습성이 그대로 남아 있는 듯했다. 무조건 버린다고 능사는 아니겠지만, 언젠가 쓰겠지 하고 남겨둔 물건들도 그리 쓸모 있는 것들은 아니었다.

어머니 마음도 이해가 되었지만, 한편으로는 너무나 안타까웠다. 그 동네 지가를 생각해 보면 아무리 낮게 잡아도 평당 몇 백만 원은 할 터였다. 그런데 그 비싼 공간을 몇천 원도 안 되는 물건들로 가득 채우며 살고 있었다. 공간의 가치를 살리는 것이 싸구려 물건으로 가득 채우는 것보다 훨씬 더 유용한 일일 텐데, 집을 삶의 공간이 아니라 물건을 쟁이는 창고로 여기며 살아가다니, 이것이야말로 주객이 전도된 일이 아닌가.

가격이 비싸거나 구하기 어렵거나 중요한 물건은 버리는 일이 손실로 느껴지기도 한다. 특히 비싼 가구나 고가의 전자제품 등은 높은 가격을 지불한 만큼 버리기가 망설여질 수밖에 없다. 그러나 공간의 관점에서 보면 이미 사용하지 않거나 필요하지 않은 물건을 계속 보관하는 것은 공간의 가치를 떨어뜨려 오히려 경제적인 손실로 이어질 수 있다.

예를 들어 이 집을 팔려고 내놓았다고 생각해 보자. 사용하지 않는 물건이 가득 쌓여 있는 우리 집과 단정하게 정리되어 있고, 넉넉한 공간감이 느껴지는 똑같은 크기, 똑같은 가격의 옆집이 있다면 어느 집이 먼저 팔릴까? 굳이 집을 판다는 가정을 해보는 것은, 그만큼 어떤 가치를 생각하면서 살아가고 있는지를 돌아보자는 의미에서이다.

유리 씨의 어머니가 물건을 버리지 못한 이유는 이뿐만이 아니었다. 정리를 해야지 생각하고, 집 안의 물건들을 하나하나 판단하려면 너무나 막막해졌다. 사실 집 안 전체를 정리하는 일은 막대한 시간과 노력이 드는 일이기도 하다. 물건들을 정리하는 과정에서 미래의 필요에 사로잡히면 슬그머니 도로 넣어두게 된다. 유리 씨의 어머니도 이런 과정을 반복하다가 결국에는 물건을 버리지 못했던 것이다. 설령 물건을 버리겠다고 마음먹어도 "나중에 필요하게 되면 어떡하지? 새로 사기엔 아까운데" 하는 후회와 불안감이 생기면, 결정을 내린 뒤에도 불안해진다. **유리 씨의 어머니가 버리지 못한 것은 물건이 아니라 불안한 마음이었는지도 모른다. 집 안을 쓸데없는 물건으로 가득 채우고 사는 불편함보다 불안 속에서 살아가는 게 더 힘들기 때문이다.**

## 무엇을 버리고 무엇을 남길 것인가

"마음만 먹으면 할 수 있어요. 버리면 되잖아요. 안 버려서 그렇지 버리는 거야 언제든 할 수 있죠."

이렇게 말하지만 그 버리는 일을 결국엔 안 하고 미룰 때까지 미루고 만다. 물건을 버리는 것도 물론 정리의 한 부분이지만, 그것만으로 정리를 했다고 할 수 없다. 정리의 시작이 물건을 버리는 일이라고 생각하지만, 버리기에만 매달리면 정작 중요한 핵심을 놓치고 만다. 무작정 물건을 버리면 어떤 일이 생길까? 공간을 비워낸 만큼 채워 넣게 된다. 버린 물건을 대신해 새로운 물건을 사고, 산 물건을 또 버리고 다른 물건을 또 사는 악순환이 생기는 것이다. '정리'라는 명목하에 버리고 사는 일을 되풀이하는 이상한 현상이 생긴다고나 할까. 정리가 삶을 바꾸기는커녕 물건만 바꾸는 셈이다. 물론 새로 산 물건의 가격만큼 지불해야 하는 카드값도 바뀌고, 통장의 잔고도 바뀐다.

사실 물건을 버리는 것은 선택과 결정의 문제이다. 실제로 잘 버리는 사람들은 삶의 문제를 만났을 때 심사숙고하더라도 결국엔 좋은 결정을 내리곤 한다. 이것은 성공한 사람들이나 부자들의 집 정리를 하러 갔을 때 매번 경험하던 일이기도 하다. 물론 어떤 것을 버리고 어떤 것을 남길지 결정하는 일은 어렵다. 모든 물건이 각각의 쓸모와 가치와 의미를 가지고 있기 때문에 어떤 물건이 더 중요하고 가치 있는 것인지 판단하는 일이 쉽지 않기 때문이다.

집 안의 물건을 정리할 때 어떤 것을 남기고 어떤 것을 버리는 게 좋을까? 결정하기 어려운 분들을 위해 몇 가지 팁을 주려고 한다. 우선 집 안의 모든 물건들을 분류하는 일부터 해야 한다. 물건들을 비슷한 종류끼리 모아보고 어떤 것들이 많이 사용되는지 확인하는 것이다. 이 방법은 내가 정리 컨설팅을 할 때 가장 먼저 하는 일이기도 하다. 일단 모으는 것인데, 옷은 옷대로, 화장품은 화장품대로, 주방용품은 주방용품대로 모은다. 이렇게 모아두고 눈으로 확인하는 것만으로도 깜짝 놀랄 것이다. 유리 씨 어머니의 집 정리를 할 때도 주방용품을 거실에 꺼내놓았더니 눈이 휘둥그레지셨다.

"이게 다 우리 집에서 나온 거라고?"

본인 눈으로 보면서도 믿지 못하겠다는 눈치였다. 주방용품이 그 정도였으니 베란다의 모든 상자를 꺼냈을 땐 어땠을까? 심지어 오래 방치해 둔 탓에 대부분의 상자에 곰팡이도 피어 있었고 그 안에 있던 옷, 아이들 장난감, 책, 그릇 등도 쓸 수 있는 게 없었다. 보이지 않았던 것을 직접 눈으로 보고 난 후에야 유리 씨 어머니는 '물건과 헤어질 결심'을 할 수 있었다. 갖고 있을 가치도 없는 것을 수십 년 동안 끌고 다녔다는 것을 뒤늦게나마 인정하신 것이다.

일단 종류별로 모았다면 다음엔 소항목으로 분류한다. 옷을 모았다면 아이 옷, 어른 옷으로 구분하고 또다시 티셔츠, 청바지, 블라우스, 원피스, 속옷 등으로 나누는 것이다. 기술적으로 보면, 정리는 모으고 나누는 행위이다. 대항목에서 소항목으로 분류하는 일이기도 하다.

이때 유념해야 하는 것은 나누는 데 몰두해서 불편하게 만들면 안 된다는 것이다. 생활하기 편리하고 좋은 물건을 자주 쓰고, 소중한 물건을 아끼며 쓰기 위해 정리를 하는 것이다. 물건을 정리하는 목적은 더 잘 쓰기 위해서이지, 모셔두기 위해서가 아니다. 매일 쓰는 프라이팬을 보기 좋다는 이유로 선반 위에 올려둘 사람은 없을 것이다. 자주 사용하는 물건은 편리하게 접근할 수 있는 곳에 보관하고, 연관성이 높은 물건들끼리 모아두는 게 좋다.

버릴 물건을 고르는 게 어렵다면, 남길 물건에 집중해서 골라보는 것도 한 가지 방법이다.

"대표님은 어떤 물건을 남기세요?"

내게 이런 질문을 한다면, 나는 우선적으로 '기능성과 가치'를 고려한다고 대답한다. 필요하고 유용한 물건은 남겨두고, 사용하지 않거나 중요하지 않은 물건은 과감하게 버리는 편이다. 물론 나에게도 감정적으로 소중한 물건들이 있다. 그것은 따로 보관해 둔다. 만약 그 양이 지나치게 늘어난다면 다시 정리에 나선다. 사진으로 남기기도 하고 대표성을 띤 물건을 하나만 남기고 나머지는 버리는 방식이다.

그러나 내가 최우선으로 두는 항목은 물건이 아니라 공간이다.

기술적으로 보면 정리는 모으고 나누는 행위이다

우리 집이 박물관처럼 넓다면 고민할 필요 없이 가진 것을 다 아름답게 놓아둘 수 있다. 하지만 공간이 한정되어 있으니 내가 사는 곳이 살아날 수 있도록 최대한 물건의 개수를 정리하는 것이다. 나라고 왜 갖고 싶은 물건들이 없겠는가. 그러나 갖고 싶다는 이유만으로 하나둘 물건을 늘리다 보면 결국 공간을 희생해야 한다. 나의 소중한 공간에 이 물건과 오랫동안 함께 살아갈 것인가를 물어보면 대부분 "없어도 된다"는 판단을 하게 될 때가 많다. 애착이 가는 물건을 보관하더라도 과도하게 감정을 쏟아 너무 많은 물건을 끌어안고 사는 것은 피해야 한다.

나에게는 필요 없지만 누군가에게는 유용한 물건도 있다. 이러한 물건들은 되팔거나 기부를 하자. 미래에 사용할 수 있는 물건들은 어떻게 하면 좋을까? 문서나 도구 같은 것은 정리해 두는 것이 좋다. 단 상태가 나쁘거나 유통기한이 지난 물건들은 과감하게 버리자.

중요한 것은 무조건 버리는 게 아니라 제대로 버리는 일이다. 제대로 버리는 일은 한 번으로 끝내는 이벤트가 아니라 지속적으로 해나가는 습관으로 만들기를 권한다. 의외로 버리는 일이 소소한 즐거움이 될 수도 있다. 집 정리를 할 때는 작은 보상을 주면서 동기부여를 높이는 것도 좋은 방법이다. 정리를 하는 동안 간식을 먹거나 음악을 들으면 '정리와 즐거움'이 결합된다. 심리적으로도 안정을 느끼고 가벼운 마음이 들 것이다.

정기적으로 집 안을 정리하는 습관을 만들려면 시작은 아주 작게, 아주 간단하게 하는 것이 좋다. 많은 물건을 한꺼번에 정리하려면 오래 걸리고 힘도 들어서 중간에 포기하게 된다. 서랍 한 칸, 상자 하나 식으로 간단하게 시작해 보자. 정리는 여러 번 반복해야 하는 작업이다. 조급한 마음은 오히려 역효과가 날 수 있다. 느긋하고 즐거운 마음으로 하루 5~10분 정도 시간을 들이는 것만으로도 충분하다.

정리를 시작하자는 것은 모든 물건을 갖다 버리는 일이 아니다. 무엇을 버리고 무엇을 남길 것인지 결정하는 일이 어렵더라도 한번은 대면해 볼 만한 가치가 있다. 정리를 하고 난 후 많은 분들이 "홀가분하다"는 표현을 하는데, 물건을 버리고 난 뒤 자신을 짓누르고 있던 '무엇'도 빠져나간 것 같다고 했다. 무엇이 빠져나간 것일까? 물건 자체가 주는 양의 압박감에서 해방된 것일 수도 있고, 물건에 남아 있던 과거의 흔적일 수도 있고, 넓어진 공간이 주는 쾌적함일 수도 있다. 그것이 무엇이든지 버릴 것을 버리고 남길 것을 남기고 나면 남은 것의 소중함을 알게 된다. 그리고 이때 비로소 깨닫게 된다.

"이 좋은 것을 내가 충분히 쓰지 않고 살았구나!"

너무 많은 물건은 오히려 우리가 소중하게 여기는 것들을 흐리게 만든다. 뷔페에 가서 무엇을 먹을지 고민하다가 결국 김밥만 먹고 왔다는 우스갯소리를 들은 적 있다. 그럴 바에는 한두 가지 음식이 정갈하게 나오는 음식점에서 오롯이 즐긴 한 끼가 훨씬 기억에 남고 몸에도 좋을 것이다. 자신의 집을 백화점처럼 만들고 싶다는 사람들을 말리고 싶진 않다. 그러나 싸구려 물건들의 집합소나 잡화점으로 만들기엔 우리가 살고 있는 공간이 너무 아깝지 않은가. 과거의 추억 때문에 버리지 못했다면, 그 추억을 서랍이나 옷장이 아니라 마음에 담아두자. 적어도 내 마음이 서랍이나 옷장보다는 크고 넓지 않은가.

# 05

# 현재를 살아가는 일

## 옷장 속에 갇힌 추억

영주 씨는 보도기자로 20년을 일한 후 공부를 더 하고 싶어서 40대 중반에 대학원에 진학했다. 한눈에 보기에도 영특함이 느껴지는 눈빛을 가진 사람이었다. 기자생활을 그만둔 이유를 물어보니 퇴사 전 3년 동안의 생활이 생각할 거리를 많이 던져주었다고 했다.

"제가 마지막 3년 정도는 인터뷰를 많이 했어요. 부자들, 기업 회장님들, 자기 분야에서 일가를 이룰 만큼 성공한 분들을 많이 만났죠. 그분들의 삶에 대해 이야기를 듣다 보니, 내가 지금껏 어떻게 살았나 생각하게 되더라고요. 현장에서 기자로 정말 치열하게 살았고, 나름대로 보람도 있었어요. 그런데 나이가 들면서 충족감이 점점 사라졌다고나 할까. 더 늦기 전에 공부를 하고 싶더라고요."

결정적 계기가 된 것은 옷이었다고 했다. 그날도 여느 때처럼 인터뷰를 하려고 옷을 고르는데 마땅히 입을 옷이 없었다.

"흔히 그런 말들 하잖아요. 옷은 많은데, 입을 옷이 없다고."

집 안에 있는 네 개의 옷장이 옷으로 가득 차 있었다. 그런데도 막상 입을 옷을 고르기가 쉽지 않았다. 20대부터 입던 옷들도 있었고, 작년에 큰 맘 먹고 산 옷들도 있었다. 남들 앞에 서는 직업 탓에 차림새에 신경 썼고, 월급의 대부분을 옷을 사는 데 쓸 만큼 옷을 좋아하기도 했다. 갖고 있는 옷들은 대부분 세련되고 고급스러운 것들이었다.

"옷장을 꽉꽉 채웠음에도 불구하고 선뜻 손이 가는 옷이 없는 거예요. 솔직히 좀 충격이었어요. 그런데도 막상 정리하려면 뭘 버려야 할지 모르겠더라고요. 옷을 정리하지 못하는 게 마치 제가 미래를 결정하지 못하고 망설이고 있는 것 같았어요."

진로에 대한 고민을 조금씩 하던 중이어서 더욱 그랬는지도 모른다. 입지 않는 옷을 정리하려고 옷장 문을 열면 옷들이 더듬거리며 자신을 바라보는 듯했다. 그때마다 영주 씨는 미묘한 감정이 밀려오는 것을 느꼈다. 옷을 하나하나 꺼내면서 그동안의 감정들이 찾아와서 옷을 버리는 일이 어려웠다. 각각의 옷은 그녀의 과거와 기억을 담고 있었다. 때로는 과거의 기억들이 그녀를 끌어안거나 떠밀기도 했다. 어떤 옷은 특별한 날의 추억을 불러일으키고, 어떤 옷은 아름다운 순간들을 떠올리게 했다.

정리를 의뢰하던 날, 영주 씨는 이렇게 말했다.

"제가 정리하고 싶은 건 옷이 아니라 과거인가 봐요. 이제는 떠나보내고 싶어요."

영주 씨는 자유로운 마음으로 앞으로 나아가고 싶다고 했다. 옷장을 정리함으로써 과거를 보내고 새로운 시작을 하려는 마음이 느껴졌다. 기자 시절 긴장과 불안감을 옷과 함께 감추어둔 채 지내왔지만, 이제는 그것들을 정리하고 과거의 자신과 이별하고 싶다고 했다. 옷을 정리하면서 지금 이 순간 어떤 말을 하고 싶냐고 물었다.

"그동안 애썼다. 참 수고 많았다. 이렇게 말해주고 싶어요."

영주 씨의 목소리가 살짝 떨리고 있었다. 웬만한 물건은 다른 사람에게 맡겼지만 옷만큼은 본인 스스로 적극적으로 참가했다. 시간이 흐르면서 옷장은 점점 깨끗해졌다. 오래 안 입은 옷들은 사라지고, 깔끔하게 정돈된 옷들만 남았다. 그리고 그녀는 옷들을 보며 기쁜 웃음을 짓기 시작했다.

"처음이에요. 옷장이 이렇게 깨끗해진 건. 입을 옷이 없는 줄 알았는데, 제게도 좋은 옷이 많이 남아 있었네요. 옷장 속에 새로운 공간이 생겨난 것 같아요."

영주 씨가 느낀 신선한 기분을 나도 함께 느꼈다. 그녀가 정리한 것은 옷이 아니라 헝클어진 마음이었을 테니까. 정리된 옷장 앞에 서 있는 영주 씨가 봄날의 바람처럼 경쾌해 보였다. 그녀의 옷장에 남은 것은 과거의 물건이 아니라 미래의 가능성이었다. 그녀는 세상에서 자신의 자리를 새롭게 찾을 준비가 되어 있었다. 그녀의 모험적인 출발을 나 또한 마음 깊은 곳에서 응원하고 지지했다.

## 모든 존재는 자신만의 자리가 필요하다

우리가 복잡한 마음을 정리하고 나면, 어디에 있을지, 무엇을 할지 입장을 정하게 된다. 중요한 우선순위를 깨닫고 마음을 결정함으로써 어디에서 누구와 있고 싶은지 비로소 알게 되는 것이다. 마음 놓을 곳 하나 없을 때 얼마나 공허하고 외로워지던가. 그렇기에 우리는 직업이든 직장이든 관계든, 세상 속에서 자신이 있을 자리를 만들기 위해 애를 쓰고 자신만의 공간을 갖기를 원하는 게 아닐까.

물건을 정리하는 일도 이와 비슷하다. 물건 정리는 마치 마음을 정화하는 행위와도 비슷하다. 우리 주변의 물건은 우리 자신과 밀접하게 연결되어 있기 때문이다. 불필요한 물건들을 없애고, 중요한 물건을 소중히 다루는 것은 내면을 정리하고 우선순위를 재조정하는 일과 같다. 책상을 정돈하고, 옷장 속을 깔끔하게 치우며, 자동차 내부를 정겨운 느낌으로 정리하는 순간마다 심리적인 변화를 느낀다.

물건이 자기 자리를 찾으면 우리는 더 많은 공간을 확보하게 된다. 이 공간은 내가 스스로의 가치를 인정하고, 더 큰 자유와 안정을 얻을 수 있다고 말해주는 듯하다. 물건이 정리되면 마음도 정리되고, 우리는 더 나은 선택을 하게 되며, 그 결과 더 행복한 삶을 살아갈 수 있게 된다. 마음도, 물건도, 사람도 가끔은 갈피를 잃어버릴 때가 있더라도 궁극적으로는 자신만의 자리를 찾아내고 싶어하는 것인지도 모른다.

"정리를 하면서 나도 자리가 필요하다는 것을 알았어요."

은희 씨는 부모님과 살던 집에서 분가를 하면서 정리를 시작했다. 그 전에 살던 집에선 '내 방'을 가져본 적이 없다고 했다. 언니와 쓰거나 동생과 쓰거나 엄마와 쓰거나 사촌과 써야 했다. 서른이 될 때까지 누군가와 같이 쓰는 '우리 방'이 있었을 뿐이다. 은희 씨에게 방은 방 이상의 의미였다. 자기 방이 없다는 건 독립 공간이 없다는 뜻이었기 때문이다. 정서적으로 민감하고 감수성이 예민했던 은희 씨에게 자기만의 방이 없다는 것은 그저 방 하나가 없다는 것을 넘어 집 안 어디에도 마음 편하게 있을 곳이 없다는 뜻이기도 했다.

결혼 전에 독립하는 것은 절대 안 된다는 보수적인 집안에서 은희 씨가 할 수 있는 일은 먼 타지에 직장을 구하는 일이었다. 대학을 갓 졸업하고 집에서 멀리 떨어진 곳에 일부러 직장을 구했지만 불행하게도 집 근처에 통근버스가 있었다. 오가는 데만 왕복 세 시간이 걸렸다. 힘들어서 혼자 나가 살겠다고 선언했지만, 부모님의 반대에 부딪쳤다. 사회 초년생인 은희 씨가 가진 돈이라곤 200만 원이 전부였다. 보증금을 모으기 위해선 열심히 직장을 다니는 수밖에 없었다. 그렇게 5년을 통근버스에 시달리며 악착같이 돈을 모았다. 그러곤 이직을 감행했다. 오로지 혼자만의 독립된 공간을 갖기 위해서였다.

은희 씨는 자기 자리를 확보하는 순간, 자신의 존재를 인정하고, 그 안에서 안심하며 살아갈 수 있다는 사실을 발견했다고 한다. 일을 할 때도 새로운 아이디어가 번뜩이고 의욕이 빛나며, 일상에서 더 많은 기쁨을 발견했다.

"독립을 하고 내 공간에 내가 원하는 물건을 하나둘 놓기 시작하면서 자신과 더 깊이 소통하고 있다고 느껴요."

은희 씨는 정리를 할 때 원칙을 한 가지 세웠다. 물건을 제자리에 두는 일이었다. 물건에게 제자리를 찾아주고, 제자리에 돌려놓는다는 것은 작지만 강력한 정리법이다. 별것 아닌 것 같지만 습관으로 만들어두기만 한다면, 삶의 변화를 이끌어낼 수 있다. 과연 정리를 할 때 물건을 제자리에 두는 것이 정말 그렇게 중요할까? 그게 왜 자기 자리를 찾는 데 도움이 되는 것일까? 우리가 자기 자

세상의 모든 존재는 자신만의 자리가 있다

리를 찾는 것은 우리의 존재가 의미 있는 이유이기 때문이다.

누구나 자기 자리를 찾을 때 자기 자신을 알아가게 되고, 내면의 안정과 조화를 찾게 된다. 물건을 제자리에 두는 것도 마찬가지이다. 주변이 정돈되고 조화롭게 보일 때, 우리 마음 또한 평온해지고 더 나은 방향으로 나아갈 수 있다. 반면, 물건을 마구잡이로 놔두면 우리는 무엇이 중요하고 필요한지 알아차리기 어렵다. 물건들이 뒤섞이면 불필요한 것들에 시간을 낭비하게 된다. 정리를 통해 우리는 더 많은 시간과 에너지를 중요한 일에 쏟을 수 있다.

## 마음과 공간을 정리하는 여정

세상의 모든 존재들은 자신만의 자리가 있다. 새들은 하늘의 품 안으로, 나무들은 땅과 하늘 사이를, 사람들은 자신만의 작은 공간을 필요로 한다. 그리고 그곳에서 최고의 자유를 느끼며 행복을 누린다. 심리학적으로 설명하자면, 자기 자리에 두는 행위는 정서적 안정과 만족감을 가져다준다고 한다. 이렇게 자신을 중요하게 여기고 존중하는 행동은 자아 발전에도 도움을 주며, 자존감을 강화시킨다는 것이다.

나도 이런 경험을 자주 한다. 새로운 물건이 들어오면 곧바로 그 자리를 찾아주고, 필요하지 않은 것들은 과감하게 떠나보낸다.

그 결과 매일 아침, 방 안에서 평온함과 행복함을 느낀다. 정리된 공간은 마치 나의 내면과도 일치하는 것 같아 더 이상 불안함을 느끼지 않는다. 그리고 이 작은 변화가 나의 삶 전체에도 큰 영향을 미쳤다. 정리된 방과 정리된 마음은 능률적인 생활로 이어졌다. 무엇보다도, 나를 둘러싼 환경에 대한 존중과 감사함이 생겨났다. 이제는 자신을 중요시하고, 자기 자리를 찾아가는 것이 얼마나 중요한 일인지를 깨달은 채 살아간다.

　그러나 수없이 자주, 수없이 많이, 정리의 장점을 나열해도 머리로는 알지만 행동으로 옮기는 일은 언제나 쉽지 않다. 물건의 자리를 찾아주지 못했기 때문일 수도 있고, 물건 하나하나에 우리의 기억과 감정이 얽혀 있기 때문일 수도 있으며, 단순히 귀찮아서일 수도 있다. 우리는 물건을 보며 과거의 추억에 잠기기도 하고, 버릴 물건들에 대해 미련한 감정을 느낄 수도 있다. 하지만 다른 관점에서 생각하면, 물건을 정리하는 일에 아쉬움과 어려움만 있는 것은 아니다. 과거와의 작별을 경험하고, 미래를 향해 새로운 시작을 할 수 있는 기회를 갖게 되는 면도 있기 때문이다.

　물건 정리는 그 자체로 하나의 여정이자 자기 발견의 과정이다. 내면의 감정을 다루고, 우리 삶에서 무엇이 진정으로 중요한지를 깨닫게 된다. 물건을 정리하고 공간을 되살리면서 우리는 자신을 사랑하고 받아들이는 방법을 익히며, 더 나은 인생을 살아가는 길을 찾아가는 것이다. 그렇기에 공간을 가득 채우고 있던 물건을 정리하는 일은, 물건에게도 제자리를 찾아주는 일이지만 공간에게도 자신의 자리를 찾아주는 일이다. 결과적으로 우리 자신의 공간을 제대로 확보하는 것이고, 이것이야말로 작지만 의미 있는 변화를 가져오는 일이다.

물건 하나하나에 담긴 감정과 추억을 정리함으로써 우리는 더 큰 평화와 만족감을 찾아가게 된다. 그리고 우리는 그 안에서 자유롭게 펼쳐질 수 있다는 것을 깨닫게 된다. 자기 자리를 찾는 여정이, 정리를 하는 일이 평생 끝이 없는 순환일지라도, 그 안에서 우리는 더 나은 자신을 발견하고, 더 풍요로운 삶을 살아갈 수 있을 것이다.

우리는 매일매일 다양한 물건들과 상호작용하며 살아간다. 집안의 물건들, 일터에서 사용하는 도구들, 개인의 소지품 등 모든 것들이 우리의 삶에 어떤 형태로든 영향을 미친다. 너무 많은 물건들이 무질서하게 늘어져 있는 것은 우리 마음에도 불균형을 일으킨다. 정리되지 않은 공간은 마음의 장소와도 같아서, 정리되지 못한 마음과 맞닿아 더 큰 불안과 혼란을 불러일으키기 때문이다. 그러나 물건들을 제자리에 두고 정리하는 순간, 이런 심리적인 불안과 혼란은 해소되기 시작한다. 물건들이 우리가 정해준 자리로 각자 위치해 있을 때 느껴지는 안정과 조화는 놀라울 정도로 심리적인 변화를 가져온다. 정리된 공간은 정리된 마음 상태를 반영하며, 반대로 정리되지 않은 공간은 우리 마음에 혼돈과 불안을 불러올 수밖에 없는 것이다.

정리된 공간은 감정의 충전소가 되어준다. 그리고 이것은 우리 안의 창의성과 창조적인 생각을 이끌어내는 데에도 큰 영향을 미친다. 그렇기에 정리는 단순히 물건을 정돈하는 일에 그치지 않는다. 우리가 자신의 공간과 위치를 확보하는 것과도 밀접한 관련이 있기 때문이다. 내 주변의 물건들과의 상호작용을 통해 자신의 공간을 찾아가고, 그것이 내 마음에 미치는 영향을 알아차리며 더욱 풍요로운 삶을 살아나갈 수 있다. 바로 이 순간, 우리의 마음과 공간을 정리하는 여정을 시작해 보는 건 어떨까?

정리된 공간은 안정된 마음 상태를 반영한다

# 2부

# 더 나은 삶을 살고 싶은 당신에게

## 01

# 부자들의 집 정리는
# 무엇이 다를까?

### 공간의 가치를 생각하다

벌써 6~7년 전의 일이다. 겉으로 보기엔 별다를 것 없이 비슷한 아파트였는데 실내로 들어가는 순간 반전 매력을 느꼈던 집이 있다. 멋진 그림들이 공간과 조화를 이루는 모습이 인상적이기도 했지만 집의 주인이 너무 젊어서 놀랐던 기억이 난다. 30대 중반의 부부는 고양이 한 마리를 키우면서 살고 있었다. 부모님께 유산을 물려받았나 생각했는데 자수성가를 이룬 쪽이었다. 둘 다 전문직이어서 고액의 연봉을 받고 있었지만 아내가 한 투자가 성공하면서 꽤 많은 돈을 벌었고, 덕분에 원하던 집으로 이사를 왔다고 했다. 한강이 보이는 전망에 주변엔 숲이 있어서 백만 불짜리 집이라고 해도 손색이 없었다.

실내는 한마디로 깔끔했다. 과도한 장식이나 불필요한 소품은 일체 없었다. 부부가 모두 단순한 디자인을 선호하는 듯 심플한 미적 감각을 살린 인테리어가 돋보였다. 가구도 딱 필요한 것만 갖추고 있었는데 두 사람의 취향을 반영한 듯 디자인도 아름다웠지만 기능성과 품질도 높은 제품이었다. 특히 나무 의자 하나가 눈길을 끌었다.

"의자가 정말 멋져요."

"좋아하는 북유럽 디자이너의 작품이에요. 벌써 10년이나 됐는데 쓰면 쓸수록 만족스러워요. 첫눈에 반했는데 국내에 재고가 없어서 1년을 기다린 끝에 받을 수 있었어요. 이제는 단종이 되었다는데 운이 좋았죠."

"그럼 그 전에는 어떤 걸 쓰셨어요?"

"마음에 드는 게 없어서 아무것도 안 샀어요. 멋지고 예쁜 의자는 많았지만, 이것만큼 마음에 드는 건 없었거든요. 조금 불편했지만 괜찮았어요. 불필요한 물건을 집에 들여놓고 참는 것보단 낫죠. 기다리는 설렘이 더 컸고요."

마인드 자체가 다르다고나 할까. 원하는 것이 분명했고, 목표가 뚜렷했다. 이런 성향은 초기 컨설팅 과정에서도 나타났다. 부부는 정리에 대해 나름대로 공부를 하며 깊이 이해하고 있었다. 단순히 물건을 보기 좋게 나열하거나 정돈하는 게 아니라 공간을 구분하고 물건에 제자리를 찾아주며 집의 정체성을 만들어가는 일이라 생각한다고 했다.

"물건을 신중하게 고르다 보니 불필요한 물건들을 사지 않게 되었어요. 적은 수의 물건을 소중히 쓰는 게 좋더라고요. 기능과 가치를 꼼꼼하게 따져 구입한 물건은 10년 넘게 쓰죠."

물건 하나를 골라도 그 쓰임 자체에만 주목하기보다 그 물건이 놓일 공간까지 염두에 두었다. 마음에 들어도 집에 어울리지 않는 가구는 단호하게 사지 않는다는 것이다. 저절로 고개가 끄덕여지는 지점이었다. 둘러볼수록 부부의 개성이 묻어나는 공간이었다. 자신들이 꾸준히 업데이트해 왔지만 이번 기회에 한 차례 업그레이드 될 것이라고 기대가 컸다. 집을 정리하는 일을 하나의 전문 분야로 인식하고 있었고, 기술적인 지식과 전문적인 도움을 받는 것을 당연하게 여겼다. 이런 분들을 종종 만나곤 하는데, 전문가의 역량이 요구되는 지점이라 나도 긴장하게 된다. 컨설팅을 하면서 요청받은 지점은 개인 공간의 분리였다. 함께 살다 보니 개인 공간의 중요성을 인식하게 되었고, 휴식과 충전에 필요한 자신만의 공간이 필요하다고 했다. 세 개의 방을 지금은 구분 없이 쓰고 있지만, 한 개는 침실로, 다른 두 개의 방은 각각의 독립적인 공간으로 만들고 싶다고 했다. 논의 끝에 남편의 방은 남편의 취미를 한데 모은 공간으로, 아내의 방은 글을 쓰는 작업실로 분리했다.

정리가 끝나고 부부는 각자의 방을 돌아보며 만족스러운 표정을 지었다. 나 또한 결과에 뿌듯함을 느꼈다. 함께 있는 시간도 소중히 여기지만 각자의 시간도 존중해 주는 부부의 모습이 보기 좋았다. 이들이 오랫 동안 기억에 남은 이유는 집을 짐을 쌓아두는 곳이 아니라 삶의 공간으로 이해하며 살아가고 있었기 때문이다. 젊은 나이에 성공과 부를 이룰 수 있었던 것도 이런 태도 덕분이 아니었을까.

## 가치관을 드러내는 공간

이후에도 성공해서 부를 이룬 사람들의 집에 가는 일이 많았다. 이들이 다른 사람들과 무엇이 다른지 자연스럽게 관심이 갔다. 멋지고 화려한 인테리어로 눈길을 끄는 집도 있었고 담백하고 절제된 아름다움을 간직한 집도 있었다. 그들은 평소에도 꾸준히 집을 정리하고 있었고, 적당한 시기가 되면 전문가에게 집 정리를 부탁하곤 했다. 시간이 지나고 경험이 쌓이면서 성공한 사람들이 공간을 대하는 태도에 몇 가지 공통점이 있다는 것을 알게 되었다. 그 공통점을 다섯 가지로 정리하면 다음과 같다.

가장 먼저 손에 꼽고 싶은 점은 정돈과 조직을 중요하게 여긴다는 점이다. 집 안의 물건들을 체계적으로 분류하고 정리함으로써 필요한 물건을 쉽게 찾을 수 있고, 집의 공간을 효율적으로 활용

부자들의 집에는 의외로 물건이 많지 않다. 단순한 아름다움을 즐기는 것이다

하고 있었다. 무작정 쌓여 있는 물건들은 시간과 에너지를 낭비하게 만들며, 정리된 환경은 더 효과적으로 작업하고 생활하는 데 도움이 된다는 것을 충분히 인식하고 있었다. 아마존 창업자 제프 베이조스는 집을 체계적으로 관리하며 생활의 효율성을 추구한다고 한다. 이런 습관은 아마존을 운영하는 데 필요한 조직적인 능력과도 연관이 있을 것이다.

두 번째는 의외로 단순함을 존중하고 추구한다는 점이었다. 불필요한 물건을 최소한으로 줄이고, 가장 필요한 것들만 보관하는 것을 선호했다. 물건에 지나치게 의존하지 않으며 깨끗한 공간을 만드는 것을 집에 대한 가치관으로 삼고 있었다. 단순함을 추구함으로써 불필요한 소비를 줄이고 집 안에서 정신적으로도 안정을 찾는 것이다.

세 번째는 물건이 적은 대신 가치 있는 물건을 중요하게 여기고 소중히 다룬다는 점이다. 특별한 의미가 있는 물건들, 특히 성공적인 이벤트와 관련된 기념품 등을 소중히 보관했는데 이것이 가능한 현실적인 이유는 그만큼 여유 있는 공간에서 살고 있기 때문일 것이다. 그러나 아무리 공간이 넓어도 공간을 넘어설 만큼 물건이 많다면 소용없는 일이다. 부자들은 공간에 맞게 물건들을 정리하고 보관하는 방법을 찾음으로써 공간을 깨끗하게 유지하고 감정적인 피로를 피하고 있었다.

네 번째는 효율적인 공간 활용을 굉장히 중요하게 여긴다는 점이었다. 집의 크기가 크든 작든 모든 공간을 효율적으로 활용하고 있었다. 불필요한 물건들이 많이 쌓이지 않도록 매일 공간을 정리하고, 필요한 물건을 적절히 배치하는 공간 활용법을 묻는 일이 많았다. 일을 할 때 효율성을 중요하게 생각하는 것처럼 정리가 일상생활에서의 편의성과 효율성을 높여주며, 자유로운 움직임과 집에서의 생활 만족도를 높여준다는 점을 잘 알고 있었다.

마지막으로 이들에게 집이라는 공간은 미래를 위해 준비하는 장소라는 점이다. 중요한 문서들은 분류해서 보관하고, 재물과 재산에 관한 정보들은 안전하게 보관하며, 비상 시나리오에 대비한 준비도 철저히 했다. 지나친 스트레스와 불안감을 미리 예방하고, 미래에 대비하는 능력을 키우는 태도가 자연스럽게 몸에 배어 있었다.

이렇듯 성공한 사람들과 부자들은 집을 정리할 때 정돈, 조직, 미니멀리즘, 가치 있는 물건들, 효율적인 공간 활용, 미래를 위한 준비 등 다양한 가치관을 고려했다. 집을 정리함으로써 정신적으로도 안정을 찾고, 더욱 효율적으로 생활하며, 미래를 대비하는 데 필요한 자원을 준비하는 것은 성공과 풍요로운 삶을 위해 중요한 요소 중 하나인 셈이다.

이 다섯 가지를 하나로 묶어서 표현하면 그들은 '공간을 중요한 가치로 여긴다'라고 말할 수 있다. 성공한 사람들의 공간에 대해 갖고 있는 가치관은 다양한 측면을 아우르고 있다. 실용적인 면에서는 효율성과 생산성을 추구하고, 정신적인 면에서는 심리적 안정과 과거에 얽매이지 않고 현재에 초점을 맞추는 것을 중요하게 여긴다. 특히 이들은 공간에 대한 이해가 남달랐는데, 집 자체를 하나의 예술작품처럼 특별한 공간으로 여겼다. 그래서인지 그림이나 조각 등 가치 있는 예술품이나 컬렉션을 집에 두는 것을 선호했다. 예술적인 감각을 살리는 한편 투자의 목적도 있을 것이다.

집에 들어서면 그들의 공간에 대한 철학이 바로 느껴졌다. 물건들은 공간과 조화를 이루며, 고급스러운 분위기를 자아내고 있었다. 언젠가 서재 책상 위에 작은 화병이 놓여 있는 것을 보았는데 화병은 심플하지만 품격 있고 아름다웠다. 그 자체로 고급스러운 분위기가 형성되어 있었다. 무심코 놓인 화병처럼 보이지만 이 작은 소품 하나도 세심하게 선택해서 책상이라는 공간을 최대한 아름답게 살려낸 것임에 틀림없었다. 그러나 이들은 명품이나 예술품을 단순한 자기만족이나 자랑의 수단으로 쓰지 않았다. 가치 있는 것에 대해 진정한 애정과 관심을 가지고, 작품들을 집 안의 특별한 장식으로 활용했다. 집 안의 예술작품들은 그들의 취향과 개성을 더욱 돋보이게 하며, 집에서도 언제든 예술의 즐거움을 누리는 것에 큰 기쁨을 느꼈다.

가진 돈을 생각하면 무엇이든 살 수 있을 듯한데, 오히려 그런 것을 경계하는 것처럼 보일 정도였다. 과도한 물건으로부터 집을 지키고 보호한다는 인상마저 풍겼다. 그들은 공간에 적절한 가치를 부여하는 법을 알고 있었다. 집 안 곳곳에 있는 물건들은 의미가 있었다. 물건마다 삶의 인연에 대한 특별한 이야기를 갖고 있고, 그들의 가치를 인정받았기 때문에 집에 두게 된 것이다. 한 기업의 대표이사로 은퇴한 분은 20년 가까이 써온 책상을 여전히 아끼면서 쓰고 있었다. 임원으로 승진했을 때 산 물건이라고 했다. 관리를 잘 하면서 쓴 흔적이 그대로 보였다.

"이 책상을 아들놈이 탐내고 있는데 어림없지. 내가 10년은 더 쓸 거니까."

그는 호탕하게 웃으며 책상을 어루만졌다. 일하는 동안 이 책상 위에서 얼마나 많은 결정을 내렸을까. 얼마나 많은 불면의 밤을 보내며 남모를 한숨과 고민을 토로했을까. 물건도 감정을 느낄 수 있다면 그의 책상은 그의 영광과 고독을 누구보다 깊이 이해하고 있을 것 같았다.

이들은 값비싼 물건을 척척 소비하는 것보다는 진정으로 소중한 물건들을 선택하고 소유하기를 선호했다. 또한 물건들을 감상하며 즐기기 위한 공간도 잊지 않았다. 각 물건들은 어지러움이나 혼돈을 느끼지 않도록 섬세하게 배치되어 있었다. 집 안 곳곳에는 작은 컬렉션들이 있었는데, 이들은 그들의 취향과 가치관을 반영하고 있었다. 이런 모든 것이 집 정리를 단순한 작업으로 보지 않는다는 증거였다. 그들은 집 정리를 중요한 일로 생각하고 있었고, 정리라는 행위와 과정을 통해 자신의 가치와 아름다움을 표현하

물건은 삶의 인연에 대한 특별한 이야기를 담고 있다

고 싶어 했다. 이들의 집은 그들의 마음과 정성이 깃든 특별한 공간이었다. 각 공간은 그들의 삶의 이야기를 담아내고 있었고, 방문자들에게 특별한 경험을 선사해 주었다.

**그들의 집은 단순히 큰돈을 써서 꾸민 화려한 공간이 아니었다. 가치관과 삶의 철학을 담고 있는 총체적인 공간이었다. 이들의 공간 정리는 그들의 삶을 더욱 의미 있게 만들어주었고, 현재를 살아가는 데 큰 영감을 주었다.** 그들의 공간이 보여주는 것처럼, 그들의 삶 또한 품격과 섬세함으로 가득한 시간일 터였다.

부자들의 집을 정리하면서 발견한 또 한 가지 중요한 사실은 '빛'이었다. 그들은 자연광과 조명이 미치는 영향을 잘 알고 있었다. 자연광은 활력을 불어넣고, 조명은 분위기를 조성하는 데 중요한 역할을 한다. 자연광과 조명을 신중하게 고려해서 쾌적하고 편안한 공간을 만들어내는 것이다. 집 안의 조명을 스마트하게 관리하는 이들도 있었다. 인공지능 기술을 활용하여 자동으로 조도를 제어하고, 절전 효과를 극대화하며, 편안하고 효율적인 생활을 추구했다.

공간에 빛이 중요한 이유는 단지 사물을 밝게 보기 위해서만은 아니다. 부드럽고 온화한 빛은 화목한 분위기를 조성한다. 분위기 좋은 카페에서 대화가 잘되는 이유 중의 하나가 적절한 조명 덕분이라는 것을 아는가? 공간을 만들어내는 요소는 물건처럼 눈에 보이는 것뿐만 아니라 적절한 빛, 적당한 온도, 상쾌한 공기 등 눈에 보이지 않는 것도 큰 역할을 한다. 세계적인 투자자인 워런 버핏의 집은 가족들과의 모임과 대화를 위한 편안하고 따뜻한 분위기를 가지고 있다고 한다. 소통을 중요하게 여기는 자신의 가치관을 집에서부터 실천하고 있는 셈이다.

이처럼 부자들은 집을 정리하고 꾸미는 데 정확한 계획과 가치관을 지니고 있는 경우가 많다. 정리와 체계화는 물론 자연광과 조명의 영향, 화목한 가정 분위기와 소통에 이르기까지 부자들이 집을 정리할 때 고려하는 요소들은 그들의 가치관과 밀접한 연관이 있는 것이다.

# 02

# 부자들이
# 집에 서재를 꼭 만드는 이유

## 책은 부자들이 세상을 보는 렌즈

부자들의 집은 각자 추구하는 바에 따라 개성이 다르지만 한 가지 공통분모가 있었다. 거의 모든 부자들의 집에는 크든 작든 '이 공간'이 있었다. 그것은 바로 '서재'이다. 집만 넓으면 서재뿐만 아니라 취미방도 만들고 공부방도 만들고 뭐든 다 할 수 있다고 생각할지 모른다. 그러나 집이 넓어도 공간에 대한 철학이 없으면 남들이 하는 대로, '좋아 보이는 것'을 따라 할 뿐 정작 자신에게 필요한 것이 무엇인지 잘 모르는 경우도 허다하다.

삼대에 걸쳐 자산가로 소문난 집에 의뢰를 받고 간 적이 있었다. 한적한 동네에 자리 잡은 멋진 이층집이었다. 그 집은 외관도 훌륭했지만, 그보다 더 인상 깊었던 특별한 공간이 존재했다. 정리를 위해 의뢰받은 집이었지만 집을 둘러보는 내내 놀라움을 금치 못했다. 집 전체가 아름답게 정돈되어 있었고, 각 방마다 개성이 넘쳤다. 다른 집과 눈에 띄게 차이가 나는 곳은 의뢰인 부부의 딸인 민지 씨의 공간이었다. 부부가 1층을 쓰고 딸인 민지 씨는 2층을 쓰고 있었는데 방 하나에는 작은 도서관이 있었고, 다른 방에는 예술작품들이 전시된 작은 갤러리가 있었다. 그리고 부엌에는 요리책들이 가득했다.

"인테리어가 무척이나 독특하네요. 아주 근사해요."

내가 말을 건네자 민지 씨의 어머니가 살짝 미소를 지었다.

"집 정리에 시간과 노력을 들이는 편이에요. 딸도 집에서 일할 때가 많고, 가족이 함께 머무는 시간이 많아서 그런지 더 신경을 쓰게 되네요."

말 그대로 정성을 들여 집 정리에 꾸준히 노력해 온 흔적이 묻어났다. 무작정 유행을 따르기보다 각각의 물건들에 소중한 가치를 부여할 줄 알았다. 물건 하나하나가 제자리에서 빛이 났고, 공간을 살리고 있었다. 덕분에 집이 더욱 특별해지고, 이 집에서 사는 사람들이 어떤 가치관으로 살아가는지 더욱 크게 느낄 수 있었다.

특히 민지 씨의 서재는 더욱 독특했다. 책장에는 고전문학부터 자기계발서, 경제학, 예술 등 다양한 주제의 책들이 있었다. 잘 정돈된 책장만 봐도 여러 분야에서의 지식을 소중히 여기며, 성장과 발전을 위해 노력하는 사람이라는 것을 알 수 있었다. 잠시 뒤 방에서 통화 중이던 민지 씨가 나왔다. 늦게 인사를 드려서 미안하다며 자리를 권했다. 민지 씨가 일하는 공간 역시 책들이 가득했고, 책상 위에도 몇 권 놓여 있었다. 책들은 마치 이렇게 말하는 것 같았다.

"저희가 이 사람의 지식과 통찰력을 넓히며 성공적인 삶으로 이끌어주는 열쇠예요"

민지 씨의 서재는 '책을 읽는 사람'의 공간이었다. 매일 책을 꺼내 읽고 새로운 책이 들어오고 오래된 책은 정리되면서 순환하는 서재는 살아 있는 분위기를 갖기 마련이다. 책이 꽂혀 있는 장소로만 기능하는 곳과는 확연히 다르다.

"어렸을 때부터 부모님과 같이 책을 읽었어요. 조부모님과 외조부모님도 책을 좋아하셨다고 해요. 친가에 가도 외가에 가도 멋진 서재가 있었죠. 그래서 저도 자연스럽게 책 읽는 환경에 익숙해진 것 같아요. 책을 통해 새로운 세계를 만날 수 있었고, 제가 하고 싶은 일도 책을 읽다가 발견했어요. 책이 제 일과 인생을 만들어준 셈이죠."

"어떻게 매일 이렇게 많은 책들을 읽을 수 있어요?"

"책을 읽는 것은 삶에 큰 의미를 줘요. 책들은 저에게 새로운 지식과 통찰력을 선물해 주고, 더 나은 사람이 되도록 도와줘요. 다른 사람들의 경험과 지혜를 나눌 수 있는 소중한 방법이고요."

민지 씨는 어른들이 책을 읽는 모습을 보며 자랐다. 독서의 즐거움을 깨달을수록 점점 더 많은 책들을 읽게 되었다. 독해력이 크게 성장하면서 학습에 도움이 되었던 것은 말할 것도 없었다. 다른 사람이 말할 때 말의 내용뿐만 아니라 이면을 읽는 일에도 능숙했는데 독서를 통해 행간을 읽는 능력을 키운 덕분이라고 했다. 처음엔 아버지의 서재에서 다양한 주제의 책들을 고르며 읽었다. 그 과정에서 그녀의 시야를 넓혀주는 책들을 만났고, 새로운 아이디어와 통찰력을 길렀다. 결국 자신만의 서재를 갖고 싶어서 2층에 단독으로 만들게 된 것이다. 하나의 서재가 있던 집에서 서재가 둘로 분리되고 독립된 셈이다. 서재에 있을 때 민지 씨는 자신을 발견하는 기분이 들었다. 자기계발에 더욱 열중하게 되었고, 무엇보다도 끊임없이 배워나가는 삶의 중요성을 깨달았다.

"아버지의 서재에서 독립하면서 정신적으로도 성장한 기분이 들어요. 저만의 세계를 만들어가게 되었다고나 할까요. 이젠 아버지가 저한테 책을 빌리러 오시죠. 예전에 할아버지도 그랬다며, 집안 내력인가 보다 하세요."

민지 씨는 이렇게 말하며 환하게 웃었다. 삼대가 만나도 책 덕분에 이야기의 화제가 끊이지 않는다고 했다. 대화를 하다 보면 자연스레 일상을 공유하고 관심사를 알게 되었다. 민지 씨의 가족은 삼대에 걸쳐 부를 일구었는데 공통점은 각 세대마다 자신만의 서재를 가진다는 점이었다. 그들은 서재를 통해 책을 통해 끊임없이 지식과 지혜를 쌓아왔다. 책을 통해 세상과 소통하며, 다른 사람들과 경험을 나눌 수 있는 특별한 방법을 발견한 것이다.

## 부자들의 서재가 특별한 이유

그렇다면 부자들은 왜 집에 서재를 만드는 것일까? 다른 사람들의 서재와 특별히 다른 점은 무엇일까? 그들이 부자가 될 수 있었던 이유를 생각하면 답이 보일 것이다. 유산을 물려받아 부자로 살아가는 사람들도, 자수성가를 해서 부자가 된 사람들도 중요하게 여기는 점이 한 가지 있다. 지식과 학습을 꾸준히 한다는 것이다. 부자들은 지식과 학습을 무엇보다도 중요하게 여긴다. 서재는 책과 참고 자료들로 가득 차 있으며, 그들이 관심 있는 분야에 대해 꾸준히 학습하고 지식을 쌓는 공간이다. 책을 통해 새로운 아이디어를 발견하고, 다양한 주제에 대해 더 깊이 생각할 수 있다는 이유만으로도 서재는 매력적인 공간인 것이다.

또 다른 이유로는 자기계발과 창의성을 촉진하기 위해 서재를 활용한다는 점이다. 그들은 여유로운 시간에 책을 읽으며, 새로운 아이디어와 인사이트를 얻는다. 어떤 부자들은 취미와 관심사를 즐기기 위해 서재를 이용한다. 그들은 읽는 것뿐만 아니라, 그림 그리기, 악기 연주, 서예 등 다양한 취미를 즐기기 위한 장소로 서재를 활용한다. 취미를 통해 스트레스를 해소하고 행복한 시간을 보내는 서재는 그들에게 훌륭한 안식처가 된다.

서재는 개인적인 공간이지만 업무와 관련된 공간이기도 하다. 비즈니스와 관련된 작업을 하거나 회의나 업무와 관련된 자료들을 서재에서 준비하고 검토한다. 또한 서재는 비즈니스적인 의사결정을 위한 주요 공간이기도 하다. 영화나 드라마에서 최종 결정권을 가진 기업의 수장이나 투자를 앞둔 부자들이 서재에서 생각에 잠기는 모습을 흔히 볼 수 있다.

그렇기에 서재는 부자들에게 자신만의 시간과 고요를 추구할 수 있는 공간이다. 현대 사회는 누가 더 빠르게 움직이는가에 따라 이익이 달라진다. 바쁘고 빠른 생활을 보낼 수밖에 없는 사람일수록 한적하고 평온한 쉴 곳이 필요하다. 서재는 전쟁터 같은 현실에서 돌아와 자신만의 시간을 가지며 오롯이 집중할 수 있는 공간인 것이다.

게다가 서재는 집 안에서 효율성을 증진시킬 수 있는 최적의 장소이다. 부자들은 누구보다 시간에 민감한 사람들이다. 자신이 가진 에너지를 최대한 효율적으로 활용하고 싶어 한다. 정리된 서재는 필요한 자료나 도구를 쉽게 찾을 수 있도록 도와주며, 작업 효율성을 높인다. 전문적으로 잘 정돈된 서재는 높은 집중력을 발휘하게 하며, 명확한 사고를 할 수 있도록 돕는다.

서재는 부자들에게 그들의 가치와 관심사를 반영하는 공간이며, 지식과 아이디어를 얻고 창의성을 발휘하는 장소이다. 더불어 스트레스를 해소하고 안락함을 느낄 수 있는 곳이다. 그렇기 때문에 부자들은 서재를 자신의 삶과 비즈니스에 긍정적인 영향을 끼칠 수 있는 소중한 공간으로 여기는 것이다.

## 부자들의 서재 정리법

부자들은 자기계발과 지식 습득을 중요하게 여기기 때문에 서재를 효율적으로 활용하는 방법을 선호한다. 모든 부자들이 같은 방법을 쓰는 것은 아니지만 대개는 '분류와 정리', '보관 시스템 구축', '적절한 수납공간 활용', '정기적인 업데이트', '개인적인 취향' 등에 따라 서재를 정리하고 있었다. 정리만 놓고 보면 다른 공간과 크게 다를 바가 없어 보인다. 중요한 것은 '생각하고 공부하고 집중할 공간'이 있다는 것이고, 그것을 한 번에 정리해 둔 공간이 서재라는 것이다.

서재는 부자들에게 학습과 지식 확장의 공간을 제공한다. 부자들은 항상 새로운 아이디어를 탐구하고 전문적인 지식을 습득하려는 욕구를 가지고 있다. 서재는 책, 참고 자료, 전문 서적 등으로 가득 차 있는 지식의 보고이다. 새로운 도전에 대비하여 지식을 축적하고, 현재의 업무나 사업에 필요한 정보를 얻는 전략기획실이기 때문이다. 늘 다양한 인간관계를 유지하고 네트워킹을 통해 자신의 사업과 투자 활동을 발전시키기를 원하기에 서재는 소통과 회의 공간으로 사용될 수 있으며, 비즈니스 파트너와 중요한 회의를 하거나 인터뷰를 진행하는 장소로도 활용할 수 있다.

집에 서재를 만들 수 있는 공간이 있다면 이렇게 해보자. 먼저 집 안의 물건들 중에서 서재로 갈 물건들을 분류한다. 여기저기 흩어져 있던 자료, 문서, 책들을 모으고, 불필요한 물건은 폐기하거나 기부한다. 공간이 확보되었다면 서재에 물건을 보관하는 시스템을 구축할 차례이다. 책을 분야별로 분류하거나, 파일을 알파벳순으로 정리하는 등 자신에게 편한 시스템을 만들어보자. 세 번째로 할 일은 적절한 수납공간을 활용하는 것이다. 선반이나 서랍 등을 효과적으로 활용하여 물건들을 정리한다. 물리적인 공간을 절약하기 위해 책과 문서들을 디지털화하여 클라우드에 저장하는 경우도 많다. 이렇게 하면 공간을 확보하면서도 필요한 정보에 쉽게 접근할 수 있다.

만약 현재 내 공간에 서재를 만들 여력이 없다면 어떻게 하는 게 좋을까? 방이 없다고 서재를 포기할 필요는 없다. 집 안의 한 공간을 '서재 코너'로 만들어 분위기를 조성할 수 있기 때문이다. 안방이나 거실, 베란다 등 아늑한 공간을 선택해 책장이나 선반을 두고 도서를 정리한다. 편안한 의자와 쿠션, 조명을 놓아 편안하게 독서할 수 있는 환경을 만들면 작은 구석이라도 특별한 독서 코

따로 서재를 만들기 어렵다면 접이식 책상이나 작업대를 활용하는 것도 좋다

너가 된다. 두 번째는 다용도 가구를 활용하는 것이다. 접이식 책상이나 작업대를 활용하면 필요할 때마다 공간을 확보할 수 있다. 세 번째는 벽을 활용하는 방식이다. 벽에 간단한 선반을 설치하여 책상으로 사용하고 서재 분위기를 강조하는 장식품이나 인쇄물을 걸어둔다. 네 번째 방법은 가상 서재를 활용하는 것이다. 전자책 리더기나 태블릿을 활용하여 다양한 책을 읽으면 어디든 디지털 서재가 된다. 마지막 다섯 번째는 시간을 활용하는 것이다. 집 안에서 주방 등 테이블과 의자가 있는 공간에 시간을 정해두고 서재로 사용하자. 네 번째와 다섯 번째는 별도의 공간을 마련하지 않고 다목적으로 사용할 수 있는 장점이 있다. 집이 좁아서 안 된다고 포기하기보다 이 공간에서 어떻게 만들어낼 수 있을까를 고민하는 과정을 즐기다 보면 덤으로 문제 해결력도 높일 수 있다.

한 가지 잊지 않아야 하는 것은 어떤 공간을 서재로 만들든 그곳도 물건이 있는 공간이라는 점이다. 이 말은 꾸준한 관리가 필요하다는 뜻이다. 정기적으로 정리하고 불필요한 물건을 체크하여 더 나은 공간을 유지하도록 노력해야 한다. 서재를 어떤 분위기로 만들지는 전적으로 개인의 취향에 달려 있다. 그러나 단지 취미활동을 하면서 시간을 보내기 위해서가 아니라 내가 일하는 분야에서 성공을 이루고 부자가 되고 싶다면 전문분야의 책이나 장식을 넣어 동기부여를 하자.

서재에서 가장 핵심이 되는 물건은 뭐니 뭐니 해도 책이다. '서재書齋'라는 말 자체가 '책을 갖추어 두고 글을 읽거나 쓰는 방'이라는 뜻이다. 부자들의 서재에는 다양한 주제와 장르의 책들이 정리되어 있다. 책들은 주제나 관심사에 따라 분류되며, 책장이나 서랍에 깔끔하게 보관된다. 부자들은 책을 고를 때에도 중요한 물건을 고르듯 지식과 경험을 바탕으로 신중하게 선택한다. 자기계발, 경제경영, 철학, 예술 등 다양한 분야의 책들을 읽으며 폭넓은 지식을 습득하지만 시간이 한정되어 있는 만큼 심혈을 기울여 책을 고른다.

서재는 창의적인 사고와 아이디어 발전에 중요한 역할을 한다. 다양한 책과 자료들로 가득 차 있어 창의성을 자극하고, 새로운 아이디어를 만드는 머릿속 시냅스를 확장시킨다. 부자들은 늘 어려운 문제를 마주하며 전략을 구상해야 한다. 서재는 문제 해결을 위한 아이디어와 해결 방법들이 가득한 장소이다. 그렇기에 평소 서재에서 자신의 아이디어와 생각을 글로 표현하고 정리하는 데 큰 가치를 둔다. 글을 통해 아이디어를 구조화하고 논리적으로 전달할 수 있으며, 더욱 명확하게 생각을 정리할 수 있기 때문이다.

성공한 사람들과 부자들도 무한한 에너지를 가지고 있지 않다. 휴식과 리프레시는 그들에게 꼭 필요한 요소이다. 서재에서 책을 읽으며 휴식을 취하거나, 느긋하게 시간을 보내는 것은 필요한 에너지를 충전하는 시간이 될 것이다. 그 시간을 통해 자신과 대화하고, 인생의 목표와 방향성에 대해 사색하며, 내면적으로 성장할 수 있다. 서재는 부자들에게 성공과 부의 원동력이 되는 중요한 공간이다. 지식과 학습, 비즈니스와 자산 관리, 휴식, 가족과의 교류 등 서재를 통해 풍요롭고 의미 있는 삶을 살아간다.

책을 읽고 글을 쓰고 생각을 정리하기 위한 공간이 서재라면, 책을 읽기 안락한 분위기가 좋을 것이다. 편안한 의자와 책상, 조명 등을 배치하고 지나치게 요란하지 않도록 한다. 어떤 부자들은 서재를 갤러리 같은 분위기로 가꾸기도 했다. 예술작품이나 사진을 전시해 두었는데 공간에 창조적인 영감을 불어넣기 위해서인 듯했다. 그러나 어떤 공간으로 만드느냐보다 중요한 것은 정돈된 공간을 유지하는 것이다. 주기적으로 먼지를 청소하고, 책들을 정리하며, 물건들을 깔끔하게 보관하는 노력을 기울이자.

## 03

# 좋은 것을 사고,
# 아끼며 오래 쓴다

## 물건을 고르는 안목을 키우자

부자들의 집에는 좋은 물건이 많다. 여기서 좋은 물건이라는 것은 비싼 물건만을 의미하지 않는다. 그들이 소유한 물건들은 자신의 가치관과 목표를 반영한다. 특히 장기적으로 사용할 수 있는 높은 품질과 신뢰성을 갖춘 물건들을 선호한다. 투자 종목을 선택할 때만큼이나 물건 선택에도 신중함과 검증된 가치를 중요하게 여기는 것이다.

부자들의 집에 명품이 많은 것은 사실이지만 유명하고 고액이라는 이유만으로 구매하진 않는다. 품질이 뛰어나고 내구성이 높은 제품, 오래 사용해도 가치가 떨어지지 않는 물건일 때 망설임

없이 구매한다. 부자들이 어떤 물건을 고를 때 '가치'는 중요한 이유가 된다. 그런 의미에서 명품은 자신의 가치와 성공을 상징하는 역할을 한다.

성공한 사람들은 명품을 소유함으로써 자신의 성공을 자랑스럽게 표현하고, 자신감을 높인다. 좋은 물건은 그 자체로 세련된 디자인과 스타일을 지니고 있다. 게다가 시간이 흐를수록 가치가 유지되거나 상승하는 경우가 많기 때문에, 성공한 사람들은 명품을 투자적인 측면에서도 선택한다. 이들이 지닌 물건을 보면 기능성과 실용성도 뛰어나다. 단지 겉보기에 좋다고 선택하는 게 아니라 자신의 필요에 부응하고, 실제로 사용할 때 편리한 물건을 고르는 것이다.

풍요로움이 넘치는 세상에서 자신에게 꼭 맞는 물건을 고르는 부자들의 안목은 배울 필요가 충분해 보인다. 비록 그 물건을 당장 사지 못하더라도 물건을 보는 안목은 돈을 주고서라도 배우기 어려운 것이고, 그 안목이야말로 물건을 뛰어넘는 가치를 지니기 때문이다. 돈이 넘쳐흘러도 안목이 없다면 좋은 물건을 고르기 어렵다. 반면 훌륭한 안목은 그 가격에서 찾기 힘든 물건을 발굴하게 한다.

따라서 부자들의 물건을 탐내기보다 그들이 지닌 높은 안목을 배우자. 그들은 마치 예술작품을 수집하듯이 섬세한 손길로 아름다운 물건들을 발견하고 그 안에 담긴 이야기와 감동을 느낀다. 물건을 고를 때, 일상의 소재가 시공간을 뛰어넘어 특별하게 변모하는 것을 즐긴다. 단순한 책 한 권도 마치 숲속의 보물같이 보이는 순간이 있다. 그들의 눈은 사소한 디테일에도 민감하게 반응하며 아주 소소한 부분에서도 특별한 아름다움을 발견한다.

또 물건을 고를 때 그들은 표면적인 가치에만 집착하지 않는다. 일반적인 유행과 시장의 유혹에 휩쓸리지 않고 자기 자신의 감성과 내면의 목소리를 따라 신중하게 선택한다. 안목이 높은 사람이 고른 물건은 시간을 초월하고 공간을 뛰어넘어 어떤 장소에서든 빛을 발한다.

안목을 기르는 일은 일상 속에서 숨겨진 보석을 발굴하는 것과 같다. 한줄기 소나기가 마른 대지를 깨우듯이, 땅에서 자란 한 줄기 꽃이 향기를 퍼뜨리듯 자신만의 이야기를 들려주는 듯하다. 향기로운 차 한 잔도 우아하게 음미하다 보면 우리 마음에 감성의 향연을 일으킨다.

물건을 고르는 일은 오롯이 감성적인 선택이기도 하지만, 그 속에는 지혜와 이해가 고루 녹아 있다. 오롯이 감성에 기대는 것만은 아니기 때문이다. 아름다움을 근본적으로 이해하고, 물건 하나하나에 담긴 소중한 이야기를 알아차릴 때 비로소 눈이 열린다. 그 눈으로 고른 물건 하나하나가 우리의 삶을 더욱 빛나게 만들어주는 것이다.

## 부자들의 집에 골동품이 많은 이유

부자들은 물건을 쓰고 다루는 데에도 특별한 방법을 가지고 있다. 좋은 물건을 고르는 것만큼이나 아껴 쓰며 관리를 잘한다는 뜻인데 물건의 가치에 맞게 소중히 여기며 사용한 후에는 깨끗하게 보관한다. 정기적인 청소와 점검을 통해 물건의 상태를 유지하고, 필요한 경우에는 정비와 수리를 시행한다. 높은 품질의 제품은 오래 사용할 수 있으며 내구성이 뛰어나기 때문에 보관과 관리만 잘해도 장기간 사용할 수 있다.

부자들은 품질을 유지하는 것뿐만 아니라 물건에 대해 유연한 사고를 갖고 있다. 물건을 단순히 한 가지 목적으로만 사용하지 않고, 다양한 방식으로 활용한다. 활용도를 높이는 것은 물론 새로움을 느끼는 데도 주저하지 않는 것이다.

돈이 많으니 새 물건을 사면 그만인데 이렇게까지 정성을 기울이는 이유는 무엇일까? 오래 사용한 물건과 우리 사이에는 감정이라는 개념이 형성된다. 내 물건에 자신의 경험과 추억이 묻어 있기 때문에 아끼고 소중히 여기는 것이다. 돈도 자신을 아끼는 사람을 따라간다는 말이 있다. 돈이든 사람이든 물건이든 소중히 여길 줄 모르는 사람은 큰 부자가 되지 못한다고 한다.

또 다른 이유로는 정서적 안정감을 들 수 있다. 익숙하고 신뢰할 수 있는 좋은 물건과 함께할 때 우리는 안정감과 자신감을 느낀다.

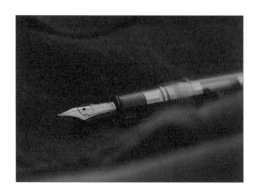
부자들은 소비의 무덤에 묻히는 대신 자신이 가진 물건과 오
랜 우정을 나눈다

실제로 내가 방문한 진짜 부자들의 집에는 오히려 물건이 적었
다. 물건에 집착하기보다 시간과 가치에 대해 깊이 고민하기 때문
이다. 물건을 지나치게 많이 소유하는 것은 진정한 풍요로움과 만
족감을 얻는 데 방해가 된다고 생각하는 부자들도 있다. 그들의 집
에 놓인 오래된 물건들은 시간에 대한 존중과 가치를 담고 있으며,
일시적인 만족보다는 장기적인 가치를 추구하는 그들의 가치에
부합한다. 즉 물건에 과도하게 의존하는 삶을 살기보다 유연하고,
변화에 대응하는 능력을 기르는 게 더 중요한 것이다.

100억대의 자산을 보유하고 있다는 사업가의 집을 방문했을 때 그가 서랍에서 만년필을 꺼냈다. 마치 소중하게 간직한 보물을 꺼내 들여다보는 듯했다. 희귀한 만년필인가 했는데, 나도 아는 브랜드 제품이었다. 물론 비싼 물건이었지만 그가 가진 다른 명품에 비하면 과한 가격도 아니었다. 그런데도 그는 섬세하게 다루었다. 아마도 그 물건과 함께한 추억과 감정이 매우 소중하고 의미 있기 때문에 오래도록 소중히 보관해 왔던 게 아닐까.

물건을 아껴 쓰는 부자들은 새로운 것에 빠르게 동요하지 않으며, 물건의 가치가 시간이 지나도 변하지 않는다고 믿는다. 그들은 소비의 무덤에 묻히는 대신, 소유한 물건들과 장기간의 우정을 유지한다. **물건이 자기 삶과 가치를 반영한다고 믿으며, 오랜 세월에 걸쳐 감성과 소중함을 지켜간다. 삶을 빛내는 물건들과 함께하는 여정을 소중히 여기기 때문이다.**

## 04

# 부자들의 옷장에 대한 환상

## 옷을 정리하며 삶을 생각하다

집을 정리할 때 가장 손이 많이 가고 고민이 되는 부분이 옷 정리일 것이다. 이상하게도 옷을 넣을 공간은 언제나 부족하게 느껴진다. 드레스 룸을 따로 만들어도 그때뿐, 어느새 공간 밖으로 옷이 흘러넘치기 일쑤이다. 그런데도 입을 만한 옷이 없다며 백화점에 가고 인터넷 쇼핑몰 사이트를 뒤적인다. 옷이 문제인지 사람이 문제인지 알 수 없지만 사고 사고 또 사도 마음에 드는 옷 한 벌 없다면 그건 그것대로 문제 아닐까?

옷장을 정리한다는 것이 어떤 의미를 갖는지 먼저 생각해 보자. 단순히 가진 옷을 보기 좋게 수납하는 것일까? 앞에서도 여러 번

이야기한 것처럼, 옷장을 정리하는 일은 광대한 옷 정리의 일부이다. 수납이 정리의 일부이지만 정리 그 자체는 아니기 때문이다. 더욱이 옷 또는 의복이라는 이름에는 벨트, 모자, 장갑, 머플러 등도 포함된다. 그럼에도 굳이 '옷장'이라고 표현한 것은 공간으로써의 기능을 잊지 말자는 뜻이다. 서랍장에 넣든 옷장에 정리를 하든 행거에 걸든 그 모든 것을 포함해서 '옷장'이라는 개념을 떠올려주면 좋겠다.

옷이 날개라는 말이 있다. 옷은 신체의 단점을 보완하고 보호하지만, 잘못 입으면 오히려 단점을 부각시키고 몸을 불편하게 한다. 옷처럼 유행이 빠르고 관심을 많이 받는 대상도 드물 것이다. 특히 우리나라 사람들은 패션에 민감한 듯하다. 한국에 여행을 온 외국인에게 무엇이 가장 인상 깊었냐고 묻는 질문에 빠지지 않고 나오는 대답 중의 하나가 "사람들이 멋있고 예쁘다"는 말이라고 한다. 외모를 가꾸고 옷을 잘 입는 일이 '자기계발'이라고 생각할 만큼 우리는 옷에 민감하다.

이처럼 옷은 우리 삶에서 중요한 부분을 차지함과 동시에 집 안에 있는 물건의 양 중에서도 압도적으로 많은 비중을 차지한다. 옷을 정리하는 방법은 수많은 동영상이나 다른 책에도 많이 소개되어 있다. 스웨터 세워서 보관하는 법, 티셔츠 3초 안에 접는 법 등 재미있고 기발한 콘텐츠들도 많다. 정리하는 방식을 배우는 것도 필요하고 좋은 일이다. 정갈하게 옷을 개는 법을 손에 익혀두면,

두고두고 유용하고 스트레스도 덜 받는다. 하지만 그보다 옷이 많은 사람들일수록, 정리하기 힘들어하는 사람들일수록 배우면 도움이 되는 것은 옷에 대한 마인드가 아닐까.

옷을 정리할 때도 집에 있는 옷을 모두 꺼내어보길 바란다. 이렇게 많은 옷이 있다는 사실에 놀랄 것이고, 몇 년 동안 입지 않은 옷이 많다는 사실에 놀랄 것이고, 언제 이걸 샀는지 잊어버리고 있던 옷들이 이 방 저 방에서 나와서 놀랄 것이다. 심지어 뜯지도 않은 택배상자나 비닐도 있지 않던가. 이 많은 옷을 언제 다 입는다는 것일까. 평생 입어도 부족함이 없을 것 같지만 새 옷을 사고 싶은 마음은 사라지지 않는다. 옷이 없어서 사는 게 아니라 새 옷을 사고 싶어서 사는 것이니까 말이다. 내가 가진 옷의 총량은 언제나 내가 입을 수 있는 기회를 넘어서는 반면, 내가 가진 옷과 내게 잘 어울리는 옷은 반비례하는 웃지 못할 현실에 마주친다. 먹어도, 먹어도 사라지지 않는 허기처럼 사도, 사도 부족함을 느낀다면 뭔가 문제가 있는 게 아닐까?

다혜 씨는 방 하나를 드레스 룸으로 쓰고 있었지만 정작 옷장에 걸린 옷들은 싸구려 옷으로 가득했다. 홈쇼핑 채널에서 즉흥적으로 산 것이 분명한 옷들이 색깔별로 걸려 있었지만 선뜻 손이 가는 옷은 한 벌도 보이지 않았다. 필요 없는 옷을 버림으로써 옷장 정리를 해야 한다는 건 알고 있었지만 무엇을 버려야 할지 알 수 없었다. 애꿎게 이 옷을 들었다가 내려놓고, 저 옷을 들었다가 내려놓는 일을 반복했다. 비싼 옷이라서, 애착이 있는 옷이라서도 아니었다. 그녀의 옷장을 가득 채운 옷들은 고작 해야 몇만 원이면 살수 있는 것들이었다. 언뜻 봐도 바느질 상태가 고르지 못했고 디자인도 어설펐으며 소재도 좋지 않았다. 수백 벌의 옷이 있었지만 마음에 드는 게 한 벌도 없다는 말이 이해되었다.

'이 돈으로 좋은 옷을 몇 벌 샀더라면 훨씬 잘 입고 있을 텐데.'

안타까운 마음이 들었지만 버릴 것도 남길 것도 고르지 못해 쩔쩔 매는 그녀를 도울 방법이 없었다. 버리고 남기는 것은 온전히 주인의 몫이기 때문이다. 결정이 늦어질수록 정리도 지연되었다. 그날의 정리는 밤늦게 끝났다. 집으로 돌아오는 길에 마음 어딘가 쓸쓸했다. 다혜 씨가 보여준 모습이 그녀 삶의 전부는 아니겠지만, 현재 어떻게 살고 있는지를 엿본 기분이 들어서였다. 그리고 이것은 내 삶에 대한 질문으로 돌아왔다.

"나는 지금 제대로 된 소비를 하고 있는가?"

"선택과 결정을 합리적으로 하고 있는가?"

"정리를 미루면서 불필요한 물건을 쌓아두고 있는 지점은 어디인가?"

생각이 꼬리에 꼬리를 물고 찾아왔다. 며칠 동안 고민을 하다가 마음의 짐을 내려놓은 계기는 정리는 결국 마인드의 문제와 연결되어 있다는 사실을 깨달으면서부터였다. 옷장을 정리하는 소소한 일에 거창하게 마인드까지 거론되어야 하는 거냐고 묻는다면,

나는 "예스!"라고 대답하겠다. 이게 무슨 말인지 잘 모르겠다면, 일단 옷장 문을 열어보시라. 그리고 상태가 어떤지 보시라. 생활이 무너질 땐 옷장 안도 무너진다. 자신을 돌보지 못하고 살아가는 시간이 길어지면 옷장 안이 지저분해진다. 신기하지만 정말 그렇다.

## 그들의 옷장이 궁금하다

성공한 사람들도 우리처럼 옷과 옷장과 드레스 룸에 대해 똑같은 고민을 할까? 부자들의 옷장은 어떤 모습일까? 정리라고 해도 옷장 안에 옷을 넣는 일에 불과한데 특별한 게 있을까 싶지만 일단 옷장 정리의 필요성과 중요성을 깊이 이해하고 있다는 점에서 남다르다고 해야 할 것이다.

부자든 부자가 아니든 옷장은 일상적으로 자주 사용하는 공간이기 때문에 평소에도 깨끗하고 체계적으로 정리하는 것이 좋다. 옷장의 정리 상태는 성공적인 이미지와 자신감에 영향을 미치기 때문이다. 반대로 옷장 속이 엉망진창일 때 우리는 삶의 통제권을 잃고 있다고 느낀다. 실제로 많은 사람들이 집 정리를 의뢰할 때 옷이 너무 많아서 행거가 무너졌다거나, 옷장이 터져나갈 것 같아서, 옷을 찾는 게 너무 힘들 정도로 정리가 안 된다는 이유를 든다. 이렇듯 옷은 우리에게 중요한 물건이다.

부자들의 옷장을 살펴보면, 정리된 상태 그 자체로 그들의 성공적인 삶과 라이프스타일을 반영하고 있었다. 효율적으로 옷을 선택했고 제대로 관리했으며 그로 인해 시간과 에너지를 절약하는 동시에 그런 과정이 자신의 이미지와 스타일을 강화하는 데 도움이 된다고 생각했다. 주기적으로 옷장을 정리하며 불필요한 옷을 버리고 실용적이고 품질 좋은 옷을 보다 적게 보유하는 라이프스타일을 추구했다. 옷은 수단일 뿐, 이를 통해 더욱 깔끔하고 풍요로운 삶을 살아가는 것이 최종 목표인 것이다.

나도 예전엔 부자들의 옷장에 엄청나게 많은 옷들이 있을 것이라고 생각했다. 그러나 의외로 옷이 많다고 느껴질 못했다. 오히려 과도하게 옷이 많은 부자들은 드물었다. 평범한 품질의 옷을 열 벌 살 돈으로 좋은 옷 한 벌을 산다고나 할까. 자신에게 잘 어울릴 만한 옷을 고심해서 최소한으로 산 뒤 옷이 숨을 쉴 수 있도록 옷장 속 공간을 넉넉하게 비워 두었다. 옷장은 드레스 룸의 일부로 존재하며, 그 공간 안에서 균형감을 유지하고 있었다.

옷이 많다고 부유한 이미지를 풍길까? 그렇지 않다. 단정하고 신뢰감 있는 이미지를 유지하는 것이 더 중요하기 때문이다. 옷장 정리도 마찬가지이다. 많이 들어 있다고 풍요로운 게 아니라 옷을 세련되고 깔끔하게 보관할 때 오히려 만족감을 느낀다. 옷장이 효율적으로 정리되면 무엇이 어디에 있는지 한눈에 알아볼 수 있어서 느긋하게 옷을 고를 수 있기 때문이다.

그들의 옷장은 아름다운 이야기를 품은 책처럼, 감성적으로 풍부하게 느껴졌다. 옷장을 단순히 옷을 보관하는 장소로만 바라보지 않기 때문일 것이다. 자신을 표현하고 아름다움을 담아내는 공간으로 여기며, 옷뿐만 아니라 그 공간이 주는 여유로움과 아름다움을 즐기는 것 같았다. 물론 부자들의 옷장은 높은 품질의 옷들로 가득 차 있다. 하지만 단지 브랜드와 가격에만 집착하지 않았다. 아무리 비싸고 유명한 옷이라도 자신과 어울리지 않는 옷들을 옷장에 들여놓지 않았다. 옷장의 공간에 맞춰 적절한 수의 옷들만 보관했고, 불필요한 것들은 정리했다. 정리된 공간은 예술작품처럼 조화로우면서도 감각적으로 아름다웠다.

## 부자들의 옷장 정리법

　　부자가 되려면 마인드부터 바꾸라는 말이 있다. 부자들의 옷장 정리를 따라 하면 그들의 가치관과 마인드를 배울 수 있을까? 집에 서재를 두는 것처럼 옷을 정리하는 일을 통해서도 성장을 위한 작은 성찰을 얻을 수 있지 않을까? 우선 중요한 것을 몇 가지 꼽아보자. 옷장 정리는 옷을 효율적으로 선택하고 관리하는 데 도움을 주며, 이미지와 자신감을 강화시킨다. 불필요한 소비를 줄이고 품질이 좋은 물건을 선택함으로써 삶의 만족도가 높아진다. 옷장 정

부자들의 옷장은 아름다운 이야기를 품은 책처럼 풍부하게 느껴진다

리를 지속적으로 실천하면 스스로의 스타일과 이미지를 발전시킬 가능성이 높아진다. 정기적인 옷장 정리와 옷의 관리는 시간을 효율적으로 쓰게 한다. 부자들의 옷장이 갖고 있는 비밀은 크게 두 가지이다.

우선 첫 번째로 할 일은 공간을 확보하는 일이다. 아무리 큰 옷장이라도 옷이 많으면 빽빽하게 채워지고 그 순간 질서를 잃는다. 옷을 정리하는 일이 옷을 잘 걸거나 접는 것을 넘어서 정돈된 공간을 추구하는 일이라는 것을 기억하자. 나에게 잘 어울리는 옷, 품질이 좋은 옷, 언제 입어도 마음에 드는 옷만 보관함으로써 옷장 안의 공간과 집의 공간은 물론 내 마음의 공간까지 깔끔하고 편안하게 유지할 수 있다.

두 번째는 유용성과 빈도에 따라 분류하는 것이다. 자주 입는 옷들은 쉽게 접근할 수 있는 곳에 보관하고, 자주 입지 않는 옷들은 상단이나 하단에 정리한다. 옷의 형태와 소재에 따라 적절한 보관 방법을 선택하는데, 드레스나 점프수트 등 색다른 디자인의 옷들은 다른 옷들과 구분하여 걸어두고, 민감한 소재의 옷들은 통풍이 잘 되는 커버를 씌워 손상을 방지한다. 옷을 보관할 공간이 충분해서 계절의 바뀜과 상관없이 손을 안 대는 게 가장 좋지만, 공간이 비좁다면 계절이 바뀔 때마다 옷장을 정리하고 시즌별로 옷들을 보관하는 습관을 들이자.

부자들은 옷장 정리와 관리의 장점을 깊이 이해하며, 성공적인 삶에 미치는 영향을 인식하고 있다. 옷장 정리는 단순히 옷을 보다 편리하게 사용하는 것을 넘어, 그들의 삶과 성공에 긍정적인 영향을 미친다. 옷장을 한 번 정리했다면 이후에는 어떤 옷을 내 옷장 안에 걸어둘 것인지 생각해 봐야 한다. 예전 습관으로 돌아가 공간을 넘어서는 쇼핑을 한다면, 어질러지는 것은 순식간일 것이다. 도움이 될 만한 팁을 몇 가지 전하면 다음과 같다.

우선, 실용적이고 멋스러운 옷들을 선택한다. 나에게 어울리지 않는 옷이나 어디에서도 입을 것 같지 않지만 갖고 싶은 옷, 유행을 타는 옷들은 최소한으로 구매하고, 자신의 스타일과 필요에 맞는 옷을 선택하는 것이 중요하다. 이렇게 선택한 옷들은 두고두고 입게 된다. 치마, 바지, 셔츠, 블라우스, 코트 등 자주 입는 기본 아이템은 좋은 것으로 갖추고, 나머지는 합리적인 가격의 제품을 구입해 그때그때 조합해서 입는 것도 방법일 것이다.

옷장 정리를 주기적으로 하면 자신만의 스타일을 살리는 방법을 고민하게 된다. 부자들은 자신의 취향과 스타일에 맞는 옷들을 선택하여 보관함으로써 자신의 독특한 이미지를 강화한다. 그렇기에 옷의 품질과 디자인을 중요하게 여기며 저렴한 옷을 여러 벌 사느니 높은 가격을 지불하더라도 품질 좋은 옷을 선택하는 경향이 있다. 품질 좋은 옷은 더 오래 입을 수 있으며, 자신의 이미지를 향상시키는 데 도움이 되기 때문이다. 전문직에 종사하는 사람일수록 옷은 중요한 사회적 코드로 읽힌다. 원하는 이미지를 만들고 싶다면 옷을 잘 갖춰 입자. 비싼 옷이 아니더라도 조화롭게 코디한 사람을 보면 시선이 머문다. 똑같은 청바지에 티셔츠를 입어도 누군가는 세련되고 멋진 룩을 완성한다.

옷은 무엇을 사서 입는가도 중요하지만 어떻게 관리를 하는가도 중요하다. 옷장에서 꺼냈다가 다시 들어가는 옷들은 깨끗하게 세탁하고 모양이 변형되거나 손상된 곳은 없는지 살펴야 한다. 관리를 잘하는 것만으로도 무질서한 소비 습관을 바꿀 수 있다. 옷을 효율적으로 관리함으로써 자원과 시간을 보다 현명하게 활용하는 법을 배우는 것이다. 무엇보다 불필요한 스트레스와 혼란이 줄어든다. 옷장을 열고 입을 옷을 고를 때마다 짜증과 한숨이 난다면, 정리가 필요할 때이다.

# 05

# 부와 행운이 숨 쉬는
# 공간 디렉팅

## 물건보다 공간에 집중하라

성공한 사람들이나 부자들이 집을 정리하고 공간을 가꾸는 이유는 물건을 사고 들여놓기 위해서가 아니다. 그보다 오히려 공간에 대한 가치를 충분히 인식하고 있었다. 그들이 공간을 중요하게 여기는 이유는 무엇일까? 잘 정돈된 공간에는 좋은 기운이 서리고 긍정적인 에너지가 감돈다는 것을 알아서가 아닐까? 성공한 사람들은 이미 집을 잘 정리하고 있었다. 그런데도 정리 컨설팅을 주기적으로 의뢰하는 이유는 정리를 할수록 더 나은 삶과 심리적 안정감, 창조성과 생산성이 커진다는 것을 실감해서일 것이다.

물건으로 가득 차 있는 집은 사람이 주인이 아니라 물건이 주인이다. 나와 가족이 집이라는 공간을 누리기는커녕 물건에 전전긍긍하며 정리하는 일에만 매달리는 것이다. 오늘은 베란다로 옮기고 내일은 다용도실로 옮긴들 자리만 바뀌었을 뿐 집 안을 물건이 차지하고 있다는 사실에는 변함이 없다. 다시 말하지만 물건을 정리하기 전에 공간에 맞는 물건의 양을 설정하는 것이 무엇보다 중요하다.

학창시절 공부를 잘하는 친구가 있었다. 그 친구는 한 과목당 공부하는 시간이 얼마나 걸리고, 어디를 집중적으로 파고들어야 하는지 신기할 만큼 잘 알고 있었다. 반면 나는 공부를 썩 잘하는 편이 아니었는데 초반부만 열심히 하다가 시간이 부족해 뒷부분은 펼쳐보지도 못하고 시험을 보곤 했다. 예상했겠지만 시험 문제는 늘 내가 빼놓고 보지 못한 부분에서 주로 나왔다.

"도대체 왜 이런 거야?"

머리를 붙잡고 고민했지만 그 이후에도 시간 배분을 못해서 낭패를 보는 일을 종종 겪었다. 중요한 핵심을 안다는 것. 이것은 정리의 문제를 넘어 인생의 화두이다. 투자를 해도 종목을 잘 골라야 하고, 집을 사더라도 입지를 잘 봐야 한다. 멘탈을 탈탈 털리게 만드는 집 열 채보다 수익을 확실하게 보장하는 똘똘한 집 한 채가 낫듯이 어설픈 물건으로 공간을 꽉 채울 바에는 차라리 텅 빈 공간으로 두는 게 더 낫다. 처음엔 물건이 없는 것이 허전하겠지만 넓고 쾌적한 공간감이 주는 자유를 맛보게 될 것이다.

부자들은 집의 공간을 편안하고 넓게 사용하는 것을 중요하게 생각한다. 충분한 공간을 가진 집은 가족들이 더 편안하게 생활하고, 자유롭게 움직일 수 있도록 해준다. 탁 트인 거실과 쾌적한 주방, 넓직한 침실과 욕실은 집 안에서 편안하게 생활하는 데 도움이 된다. 창문마다 빛이 잘 들어오고 적절한 곳에 안락한 의자가 놓여 있으며 함께 지내는 공동 공간과 더불어 각자의 독립된 공간이 나뉘어 있다.

　또 한 가지 빼놓을 수 없는 곳이 창조적인 활동과 생산성을 촉진하는 공간이다. 집 안에는 서재와 작업실을 갖추어 자신의 아이디어를 발현하고, 비즈니스를 운영하며, 창의적인 프로젝트를 진행한다. 집과 업무 공간을 엄격하게 분리시키기도 하지만, 집에서 업무를 최소화한다는 의미이지 전혀 하지 않는 것은 아니다.

　그들은 집이라는 공간을 정신적인 평화와 행복을 얻을 수 있는 공간으로 디자인한다. 풍경이 아름다운 정원이나 테라스, 휴식과 명상을 할 수 있는 공간을 일부러 만든 집도 있다. 이러한 공간은 일상의 스트레스와 갈등으로부터 벗어나 정신적으로 안정되고 행복한 삶을 영위할 수 있도록 도와줄 것이다. 아파트의 편리함을 누리는 이들도 있지만 아름다운 정원이 딸린 집에서 사는 이들도 있다. 가족들과 정원에서 산책을 즐기고, 담소를 나누고, 책을 읽으며 평온함과 행복함을 느낀다. 때로는 손님들을 초대해서 바비큐 파티를 열기도 한다.

## 공간의 흐름과 분위기를 조성하라

집을 물건의 집합소가 아니라 부와 행운이 넘치는 공간으로 만들려면 어떻게 해야 할까? 집 안의 환경과 인테리어, 물건의 정리 방법 등을 바꿔서 우리 집을 성공의 기운이 느껴지는 공간으로 만들 수 있을까? 절대적인 법칙이라고 하긴 어려울지라도 이미 성공한 사람들이 어떻게 했는지, 지금 현재 어떤 공간에서 살고 있는지를 살펴보면 우리가 적용할 수 있는 지혜를 배울 수 있을 것이다. 당장 집의 모든 것을 바꾸진 못하더라도 하나씩 찾아서 실행해 보자. 구체적인 정리를 하기 전에 어떤 공간으로 만들 것인지 조감도를 그려보는 작업이 선행되어야 한다. 그래야 물건을 이동하는 일로 끝내지 않고 공간을 재조정할 수 있다.

우선 집 안의 흐름을 조성하는 일이다. 물건이나 가구 배치에 신경을 써서 내부의 흐름이 원활하게 이어지도록 한다. 예를 들면, 문 뒤에 책장이나 물건을 두어 문이 활짝 열리지 않을 때가 있는데 되도록 문 주변에는 아무것도 두지 않는 게 좋다. 시원하게 활짝 열릴 수 있도록 문의 통로를 만들어주자. 창문이 잘 열리지 않을 정도로 물건이 가리고 있다면 치우자. 필요 없는 물건이 꼭 필요한 행운이 들어오는 것을 방해하고 있을지도 모른다.

우리가 마음이 활기찰 때 일이 잘 풀리는 것처럼 공간에도 기운이 있다. 기본적으로 우리가 집을 볼 때 남향을 선택하는데, 바람과 햇볕이 잘 통하고 환기가 잘 되기 때문이다. 이런 집은 짐만 치워줘도 살아난다. 공포영화에 흔히 나오는 귀신 들린 집을 생각해 보자. 음침하고 어둡고 오래된 짐이 쌓여 있지 않던가. 지하실엔 뭐가 있는지도 잘 모른다. 살뜰하고 따뜻한 손길이 닿은 흔적은커녕 을씨년스럽고 방치된 공간이 집 안 여기저기에 있다. 실제로 부자들은 새 집을 보러 다닐 때, 옆집 현관 앞에 짐이 쌓여 있거나 정리가 되어 있지 않으면 아무리 좋은 집이라 할지라도 절대로 이사를 가지 않는다고 한다. 우리가 매일 머무는 공간은 생각보다 우리 자신에게 많은 영향을 미친다. 밝은 분위기에서 지내면 기분이 좋아지고, 침침한 분위기 속에서 지내면 기분도 가라앉는다. 우울감을 느낄 때면 무의식적으로 커튼을 치고 집을 어둡게 하지 않던가. 현재 살고 있는 집의 창문과 문을 열어 공간의 흐름이 막힌 곳은 없는지 살펴보자.

두 번째, 집 안의 분위기를 만드는 일이다. 이때 음악과 조명은 창조적이고 풍요로운 에너지를 높이는 데 영향을 준다. 긍정적인 에너지를 불어넣는 음악을 선택하고, 조명을 활용하여 실내의 분위기를 바꿔보자. 그동안 내가 방문했던 부자들의 집에는 언제나 은은한 클래식 음악이 흘러나오고 있었다. 음악과 조명은 돈을 적게 들이면서 효과를 극대화할 수 있는 장치이다. 특히 조명은 한두 개만 바꿔도 분위기가 확 살아난다. 최근 조명에 대한 관심이 커지면서 가격 대비 성능이 좋은 조명기기가 많이 팔리고 있다. 테이블 위에 센스 있게 놓아둔 작은 조명 하나가 집을 한결 포근하게 만들 것이다.

세 번째는 색상의 선택이다. 인테리어를 새로 하려고 마음먹고 있다면 특히 이 부분을 고민해 보자. 꼭 벽지와 바닥을 갈아엎어야만 하는 것은 아니다. 집 안에 어떤 색상의 가구가 주로 많은지, 소

색깔은 공간의 분위기를 결정 짓는 중요한 요소이다

품이나 수납도구들의 색상은 통일되어 있는지 전체적으로 점검하자. 물건 하나하나를 살펴보면 괜찮은데 이상하게 집 전체가 어지러워 보일 때가 있다. 색깔이 중구난방 제각각이어서 톤이 통일되지 않은 경우이다. 도화지에 그림을 그리듯, 배경 색을 정하고 포인트 색을 결정한다. 배경은 되도록 활기차고 밝은 색상을 선택하라고 권하고 싶다. 무채색은 차분하게 하지만 기운을 상승시키는 역할을 하지는 않는다. 색상의 선택에 자신이 없다면 기본적으로 화이트를 배경으로 좋아하는 색으로 한두 군데 포인트를 주자.

이 세 가지는 공간의 흐름과 분위기를 형성하는 일이다. 물건을 정리해도 전체적으로 통일감이 없으면 어수선해 보이기 마련이다.

"우리 집은 치워도 치워도 끝이 없어요. 답이 안 보여요."

이렇게 하소연하는 분들은 물건만 정리하기 때문이다. 궁극적으로 공간을 정리해야 한다.


## 공간의 목적을 정하라

성공한 삶을 살아가는 사람은 목표와 비전을 뚜렷하게 갖고 있다. 자신이 무엇을 원하는지도 모르고, 자신이 무엇을 해야 하는지도 모르면서 성공하고 싶다고 말한다면, 그것은 소망을 말하는 것이지 실제로 현실화하고 있다고 보긴 어려울 것이다. 내가 사는 집을 부와 행운이 넘치는 공간으로 만들고 싶다면 공간의 목적을 분명히 정해야 한다. 이 공간에서 무엇을 원하는지 명확히 정의하고, 집을 통해 어떤 형태의 행운을 누리고자 하는지를 상세히 계획하는 것이다.

명희 씨는 공간의 가장 큰 목적을 긍정적인 에너지를 유지하는 데 두고 싶다고 했다. 3년 전, 직장을 그만두고 창업을 했는데 일이 점점 더 바빠지면서 집에 신경을 쓰지 못하는 날이 늘었다. 그러다 어느 날 집에 들어왔는데 날파리가 날아다니고 쌓인 빨래에선 퀴퀴한 냄새가 났다.

"생활의 밸런스가 무너지고 있는 것 같았어요. 해야 할 일은 많은데, 집은 휴식의 장소가 전혀 되지 못했죠. 쉬고 싶으면 호텔에 갔어요. 집은 점점 도피의 공간이 되었고요. 그러다 한 클라이언트 집에 초대를 받았는데, 현관에 들어선 순간부터 식사를 할 때까지 집이 주는 안락함과 평화로움을 느꼈어요. 제게는 거의 충격이었죠. 집이 이렇게도 좋을 수 있구나! 그날 그분과 집에 대한 이야기를 많이 나누었어요."

명희 씨의 클라이언트는 집에서 충분히 휴식을 취하고 에너지를 충전한다고 했다. 가족과 소통하며 감정적인 안정과 평화를 유지하는 것이 그에게는 굉장히 중요한 일이었다.

"집에 돌아와서도 그분과 나눴던 대화가 계속 생각나더라고요. 엉망인 집을 보니 나는 무엇을 위해 이렇게 열심히 살고 있는지 회

의도 들고요. 겉으로는 그럴 듯하게 보였지만 스트레스를 잔뜩 받고 있었는데, 집이 꼭 나 자신처럼 보였어요."

명희 씨의 집을 정리하면서 가장 염두에 두었던 것은 어떤 공간을 원하는가 하는 점이었다. 전체적인 분위기를 잡고 방마다 목적을 분명히 했다. 그 전에는 침실인지 드레스 룸인지 구분이 되지 않았고, 주방과 거실도 경계가 불분명했다. 서재는 거의 다용도실처럼 물건이 쌓여 있었고, 현관에는 정리되지 않은 신발이 흩어져 있었다.

세 개의 방 중에 하나는 침실로 정리했다. 양질의 잠을 잘 수 있도록 자극을 최대한 줄이는 게 좋겠다는 의견에 따라 물건의 개수를 최소화했다. 필요한 물건들은 서랍장에 넣어 겉으로 드러나지 않도록 했다. 명희 씨는 자신을 위해 품질이 좋은 침구세트를 마련했다. 그전에 쓰던 알록달록한 이불을 바꾼 것만으로도 정갈한 분위기를 되찾았다. 두 번째 방은 드레스 룸이었다. 미팅을 많이 하는 직업의 특성상 정장이 많았는데, 디자인과 컬러가 모두 비슷해 보였다. 다른 옷을 입고 나가도 같은 옷으로 착각할 수 있겠다 싶었다. 구분이 되지 않을 만큼 비슷한 옷들 중에서 오래된 것들을 정리했다. 터져나갈 것 같은 옷장에 공간이 생기고 심플한 논슬립 옷걸이로 통일하는 것만으로도 분위기가 새로워졌다. 행거 한쪽을 비워 다음 날 입고 나갈 옷을 미리 정해 걸어둘 수 있도록 했다. 가방과 신발까지 가지런히 놓아두니 전문 매장이 부럽지 않은 명희 씨만의 '쇼룸'이 완성되었다.

"예전에는 드레스 룸에 들어가기도 싫었는데 지금은 너무 좋아요. 아무리 피곤해도 드레스 룸에서 옷을 갈아입어요. 그날 입은 옷을 정돈한 후 옷걸이에 걸면 내 삶도 제자리를 찾고 있는 것 같은 안정감을 느껴요."

세 번째 방은 서재였다. 외국 바이어들과 화상 미팅을 하는 데 불편함이 없도록 책상과 컴퓨터를 세팅하고, 책장의 책들도 정리했다. 한번은 영국 바이어와 미팅 중에 그가 화면에 비치는 책들에 관심을 보였다고 했다. 그는 한국 문화 중에서 조선 백자에 관심을 갖고 있었는데 명희 씨의 책장에서 호기심이 생기는 책을 우연히 보게 되었다. 놀랍게도 그 책은 그가 구하려고 애쓰던 사진집이었다. 명희 씨는 선물로 보내주겠노라 흔쾌히 말했고, 그날의 비즈니스 미팅도 성공리에 끝났다.

"화상 미팅을 회사에서 했다면 기회를 갖지 못했을 거예요. 시차를 맞추려고 늦게까지 회사에 남아 있는 일도 없어졌어요. 집에 일찍 귀가한 후 쉴 수 있으니 미팅 때 피곤함도 덜하고요. 정말 내 삶이 얼마나 달라졌는지 몰라요."

집 정리를 하고 난 후 식사도 잘 챙겨 먹게 되었다고 했다. 먹고 자고 씻고 휴식을 취하는 공간이 구분되자, 무조건 물건을 늘어놓던 습관도 고치게 되었다. 물건을 제자리에 놓는 일을 귀찮아했는데 조금씩 정리 습관이 몸에 배니 오히려 더 편해졌다. 이제는 손톱밥이 하나를 찾기 위해 온 집을 휘저을 필요가 없어졌으니 말이다. 무엇보다 기쁜 일은 집이 명희 씨에게 영감을 주는 공간이 되었다는 사실이다. 취향을 뚜렷하게 갖게 되면서 집도 점차 명희 씨의 개성을 표현하는 공간으로 바뀌기 시작했다. 심지어 클라이언트를 초대하는 일까지 생겼다. 예전에는 꿈도 꾸지 않았던 일이었다.

"매일 아침 일어나면 침실을 정리하고 창문을 열어 신선한 공기로 환기시켜요. 매일 몸을 씻듯, 집도 씻겨주는 거죠. 그러곤 집에 감사하다고 말해요. 이 집에서 좋은 일이 많이 생겼거든요. 앞으로 회사를 더 크게 키우고 싶어요. 매출 목표를 달성하려면 좀 더 노력해야 하지만 할 수 있다는 용기가 생겼어요."

명희 씨는 지금도 청결과 정돈, 가치 있는 물건과 예술품 선택, 서재의 중요성 등 부자들이 집을 정리할 때 진정으로 중요하게 여기는 요소들을 적용하고 있다. 부의 증대뿐만 아니라 행복하고 풍요로운 삶을 살아갈 수 있도록 하는 데 집이라는 공간이 얼마나 큰 역할을 하는지 깨달았기 때문이다. 그녀의 집은 어제보다 오늘 더, 오늘보다 내일 더, 부와 행운이 넘치는 공간으로 성장해 나갈 것이다.

# 3부

# 내 집,
# 두 배로 넓게 쓰는 법

# 01

# 관점을 바꾸면
# 보이는 것이 달라진다

## 산 정상에 올라 알게 된 것

오래전의 일이다. 탄탄한 신뢰를 맺으며 일하고 있던 사람과 갈등이 생겼다. 관계가 꼬이니 업무도 풀리지 않아서 마음에 화가 쌓이고 생각이 복잡해졌다. 솔직하게 마음을 터놓으며 지내왔다고 생각했는데 상대는 그렇지 않았던 건지, 나만 바보가 된 것 같았다. 며칠을 혼자 끙끙 앓다가 답답한 마음을 풀고 싶어 밖으로 나갔다. 드라이브라도 하면서 생각을 정리하자는 심산이었다. 갈림길에서 신호를 기다리고 있는데 앞에 산이 보였다. 언젠가 한번 가보고 싶다고 생각했지만 바쁘다는 핑계로 가지 못했던 곳이었다. 산 근처에 있는 주차장에 주차를 하고 운동화 끈을 바짝 조여 맨 후 산 입구로 들어섰다.

아주 높은 산은 아니었다. 그러나 보기와 달리 제법 오르막도 가팔랐고 물이 흐르는 골짜기도 있었다. 그동안 근력이 떨어졌는지 30분밖에 안 걸었는데도 숨이 찼다. 멀리 내다보기는커녕 주변의 나무조차 감상할 여유도 없이 발밑만 보면서 걸었다. 한 발 한 발 걷는 일에만 집중했다. 들리는 건 거친 내 숨소리였고, 보이는 건 땅바닥의 흙뿐이었다. 그렇게 얼마쯤 지났을까, 오르막이 점점 가팔라지더니 어느 순간 평평해졌다. 정상이었다. 그제야 눈을 들고 앞을 바라보았다.

"우와! 세상에! 한눈에 다 보이네!"

저절로 탄성이 터졌다. 발밑에만 집중하며 걸을 때는 가까이 있는 나무조차 눈에 들어오지 않았는데, 탁 트인 곳에 서서 바라보니 사방천지가 한눈에 들어왔다. 그렇게 후련하고 시원할 수가 없었다. 산 정상에서 보는 풍경은 산속에서 보던 풍경과는 완전히 달랐다. 갇혀 있다가 풀려난 사람처럼 이곳저곳 뛰어다니며 마음껏 풍경을 만끽했다. 드넓게 펼쳐진 하늘 아래 장난감처럼 작게 보이는 집들, 개미처럼 부지런히 오고가는 자동차들. 소인국에 온 걸리버가 된 것 같았다. 두 팔 가득 시원한 바람을 맞았다. 복잡했던 마음이 바람결에 씻겨 사라지는 듯했다. 그동안 속 끓이던 일이 거짓말처럼 작은 일로 느껴졌다. 마음이 정리될 때까지 머무르며 넓은 풍경을 두 눈과 가슴에 마음껏 담았다.

이날의 경험은 오래 기억에 남았다. 현실은 달라진 게 없었다. 그저 내 마음이 변했을 뿐이다. 그런데 내 마음이 변하니 모든 게 변했다. 문제를 바라보는 관점이 달라졌고, 달라진 관점으로 바라보니 이해하지 못할 일도 아니었다. 몇 가지 귀찮은 일을 해결해야 했지만, 버겁거나 어려운 것은 아니었다. 사는 동안 누구라도 겪을 수 있는 일이라는 생각이 들었다. 들끓던 마음이 편안해졌다.

"그래, 다시 시작해 보자."

뻥 뚫린 마음으로 고민하던 일과 관계를 들여다보니 그제야 내가 잘못한 부분도 보였다. 솔직히 이전까지는 내 마음을 알아주지 않는다고 상대를 탓하고 있었는데 투명한 눈으로 바라보니 내가 갈등이 생길 법한 여지를 준 면도 적지 않았다. 일의 잘잘못을 가리거나 사람의 옳고 그름을 따지기 전에 내가 스스로 개선해야 할 점이 명백하게 보였다. 그 사람의 입장을 전부 다 알지도 못하면서 함부로 상대를 판단하고 있었던 것이다.

"내가 마음이 참 좁았구나."

다른 사람들의 집에 정리를 하러 갈 때마다 '넓은 집에 쓰지도 않을 물건을 잔뜩 쌓아두고 왜 이렇게 좁게 살지?'라고 생각하며 속으로 쯧쯧 혀를 찼던 게 부끄러웠다. 남의 공간은 훤히 안다고 여기면서, 정작 내 마음의 공간을 보는 데는 눈이 어두웠다. 남의 집 정리에 열심을 쏟는 동안 내 마음의 집에는 쓸데없는 생각과 고민의 짐을 쌓아두고 있었던 것이다. 그동안 슬금슬금 느껴지던 정체 모를 짜증도 이해가 되었다. 마음에 빈 공간이 없으니 여유도 없었다는 것을.

## 공간을 좁히고 넓히는 것도 마음의 문제

산 정상에 서서 드넓은 풍경을 바라보며 새삼 내 마음이 얼마나 작은지 실감했다. 동시에 이렇게 쉽게 마음이 달라질 일인가 싶어 웃음도 났다. 요지부동이던 생각을 흔들어 유연하게 바뀌도록 한 것은 무엇이었을까? 내가 한 일이라곤 '고작' 산에 가서 넓은 시야로 풍경을 보고 온 게 전부였다. 그러나 나중에 일어난 일을 생각해 보면 결코 '고작'이라고 말할 수만은 없는 일이었다. 익숙한 공간에서 벗어나 새로운 공간을 체험하는 것만으로도 행동에 변화가 생긴다는 것을 깨달았기 때문이다. 다른 공간에 서보는 것만으로도 생각이 달라질 수 있다는 것을 알게 된 것이다,

흔히 '입장이 다르다'라는 말을 한다. 입장立場은 '서다立'라는 말과 '장소場'라는 말이 합쳐서 이루어진 단어이다. 이 말을 있는 그대로 풀면 '장소에 서 있다'는 뜻이다. 서 있는 곳이 바뀌면 보는 것도 달라진다. 산 위에서 보는 풍경과 산 속에서 보는 풍경이 다르듯, 내가 어떤 장소에 서 있느냐에 따라 보이는 것이 달라지는 것이다. '입장'을 실제로 사전에서 찾아보면, '어떤 관점의 바탕을 이

루는 기본 테두리의 생각' 혹은 '직면하고 있는 형편이나 상황'이라고 뜻풀이가 되어 있다.

서로 다른 것을 보고 있을 때 같은 생각을 공유하기는 어렵다. 입장이 다르다는 것은 너와 내가 서 있는 곳이 다르다는 것이고, 생각이 다르다는 것이며, 직면하고 있는 상황을 다르게 해석한다는 의미일 것이다. 우리는 자신이 보는 대로 생각한다. 한 가지 관점만 갖고 있는 사람은 두세 가지 관점을 갖고 있는 사람보다 생각의 폭이 좁을 수밖에 없다. 장님과 코끼리 이야기처럼 자신이 아는 것이 전부라고 믿는 것이다. 코끼리 전체를 볼 수 없기에 코, 다리, 꼬리가 코끼리라고 생각해 버리는 오류를 저지른다. 내 마음을 몰라준다고 야속해했지만, 사실은 입장이 달랐을 뿐이다. 그는 그의 입장에서, 나는 나의 입장에서 자신이 보는 대로 생각하고 행동했으니 견해 차이가 생겼을 수밖에. 그렇기에 입장을 바꿔놓고 생각하는 일은 관점을 넓히는 데 도움이 되고, 문제를 해결하는 열쇠가 된다.

그날 이후, 마음이 복잡하면 산에 가든 바다에 가든 카페에 가든 공간을 바꿔보는 습관이 생겼다. 같은 장소에 오래 머무르면 그 장소가 주는 특유의 루틴에 나도 모르게 빠져 있어서 익숙하고 편안한 반면, 새로운 생각이나 관점을 갖기가 어렵다. 새로운 공간이 주는 '낯선 경험'만으로도 사고회로가 다시 돌아가는 기분이 든다. 나에게 도움이 되었던 곳은 주로 탁 트인 넓은 곳이었다. 넓은 장

우리가 어떤 공간에 머무느냐에 따라 삶의 많은 부분이 달라진다

소에 서 있는 것만으로도 마음이 넓어졌다. 이동하기 힘들 때는 하늘이라도 바라본다. 경계 없이 무한대로 펼쳐져 있는 하늘을 바라보는 것만으로도 구겨졌던 마음이 펴지기 때문이다.

인간이 집을 짓고 살기 전, 먹고 자고 생존하며 살아야 했던 자연은 위험한 장소였지만 동시에 구속이 없는 드넓은 곳이었을 것이다. 우리의 선조들은 끝없이 펼쳐진 대지를 이동하고 광대한 바다를 건너며 삶의 터전을 찾아냈다. 너무 오랫동안 한곳에 정착해서 사느라 잊어버렸는지도 모르지만 우리는 원래 마음껏 누릴 수 있는 넓은 장소에 대한 갈망을 갖고 있지 않을까? 그래서 죄를 지으면 감옥이라는 좁은 공간에 가두고 자유를 구속하는 게 아닐까?

공간에 대한 생각이 깊어질수록 삶에서 깨달은 이런 관점도 정리에 적용하게 되었다. 우리가 공간 속에서 살아가야 하는 이상, 어떤 공간에 머무르는가에 따라 마음이 달라지고, 마음이 달라지면 삶의 많은 부분이 변하기 때문이다. 누구나 큰 집, 넓은 공간을 가질 수 있는 것은 아니다. 원하는 만큼 넓은 곳에서 살 수 있다면야 좋지만, 경제적 차이가 공간의 차이를 만드는 것도 사실이다. 내가 현재 넓은 공간에서 살고 있지 않다면, 그 공간을 최대한 넓게 쓰는 방법을 찾아야 한다. 지금부터 그런 발상의 전환에 대해 생각해 보고자 한다.

# 02

# 공간의 정리, 그 이상

## 공간 시스템을 만드는 세 가지 단계

공간이 커지면 쓰는 공간도 넓어진다고 생각하지만 꼭 그렇지는 않다. 공간이 큰 것과 공간을 넓게 쓰는 것은 별개의 문제이기 때문이다. 10평 공간도 넓게 쓸 수 있고, 100평 공간도 좁게 쓸 수 있다. 물론 물리적 공간의 크기에 따라 체감하는 정도가 바뀌는 것도 사실이지만 넓은 공간이라고 해도 제대로 활용하지 못한다면 죽은 공간이 많아진다. 넓다고 넓게 쓰는 것은 아니며 좁다고 좁게 살아야만 하는 것도 아니다.

일을 할 때 시스템이 갖춰져 있으면 효율성이 극대화되는 것처럼, 공간도 시스템을 만들면 활용도가 극대화된다. '같은 공간'이라도 완전히 '다른 집'이 되는 것이다. 공간 시스템을 만들면 공간에 대한 생각이 달라진다. 쾌적하고 효율적인 공간을 누리기 위해 불필요한 공간의 낭비를 줄이고, 물건을 보관하거나 활동을 수행하는 데 최적인 공간으로 배치하는 법을 점점 더 배우게 된다. 또한 공간을 깔끔하고 정돈된 상태로 유지함으로써 시각적으로 깨끗하고 혼란이 없는 환경을 조성하게 된다. 각각의 공간을 어떤 목적을 위해 사용할지 고려하여 배치하면 동선이 꼬이지 않아 활동성이 유려해진다. 색상, 패턴, 레이아웃 등을 조절하여 목적과 특색에 따라 정리를 하기 때문에 공간의 품격도 높아진다. 공간 시스템은 변화하는 필요에 대응할 수 있도록 유연한 구조로 만드는 게 좋다. 결혼이나 출산을 비롯해 자녀가 성장하고 또 독립하는 등 가족 구성원에 변화가 생기면 달라질 수 있기 때문이다. 새로운 물건을 추가하거나 공간의 용도를 변경해야 할 때 쉽게 조정하거나 업데이트할 수 있도록 준비하는 것이다.

이런 이유로 **집 정리는 짐 정리라기보다 공간 정리, 즉 공간의 시스템을 만드는 일이라고 생각해야 한다. 정리를 하기 전에 내가 살고 있는 공간을 먼저 생각하고 어떤 공간으로 만들 것인지, 정리 후에도 어떻게 유지할 것인지 등을 고려해야 하는 것이다.** 공간 시스템은 정해진 방식이 있는 게 아니다. 가족 혹은 개인의 취향과 필요에 따라 맞추면 된다. 공간 시스템을 만드는 과정은 크게 세 단계로 이뤄진다.

첫째, '공간의 목적을 결정하는 일'이다. 공간의 목적을 결정할 때는 다음과 같은 요소들을 고려한다. 우선 어떤 활동이나 기능을 위한 것인지를 생각한다. 각 공간이 지닌 목적에 따라 레이아웃과 가구 배치를 결정할 수 있기 때문이다. 또한 가족 구성원의 편의성과 만족도도 중요하다. 가족 구성원에 변화가 생기면 공간에도 변화가 생긴다. 주어진 공간을 최대한 효율적으로 활용하는 것도 중요한 요소이다. 공간 내의 빈틈을 최소화하고, 불필요한 공간의 낭비를 줄인다. 마지막으로 고려할 것은 미적 감각이다. 편리하면서도 시각적으로 아름다움을 느끼면 공간에 대한 애정이 커진다.

둘째, '공간에 맞게 물건을 배치하는 일'이다. 흔히 '정리'라고 하면 바로 이 단계, 즉 물건을 배치하는 일을 생각하기 십상인데, 물건 정리는 어디까지나 공간 시스템을 만드는 하위 단계로 보고 계획을 세우는 게 좋다. 물건 배치와 관련한 정리는 다시 다섯 단계로 이뤄진다.

첫 번째는 모으기Gathering이다. 이 단계에서는 집 안의 모든 공간에서 물건들을 찾아내어 한 장소로 모은다. 예를 들어 옷 정리를 할 때 집 안에 있는 모든 옷을 거실이나 안방 등 넓은 장소에 모두 꺼내 모으는 것이다. 이때 가능한 한 모든 공간을 체크하여 빠짐없이 모으는 것이 중요하다. 집 안 여기저기에 꽁꽁 숨겨두었던 물건들까지 꺼내서 실제로 보는 일은 때로 '충격'이 될 수도 있다. 이런 충격 요법은 필요하면서도 중요하다. 물건이 많다고 막연히 생각하는 것과, 직접 보는 것은 다르기 때문이다. 두 번째는 분류Sorting 이다. 모은 물건들을 비슷한 종류끼리 함께 묶어놓고 구분한다. 예를 들어, 옷을 계절이나 종류에 따라 분류하거나, 주방기기들을 용도별로 분류하는 일이다. 세 번째는 세분화Subcategorizing이다. 분류한 물건들을 더 작은 하위 그룹으로 세분화한다. 이를 통해 물건들을 보다 효율적으로 보관할 수 있다. 옷을 예로 들면 상의, 하의, 외투 등으로 세분화하거나, 액세서리들을 목걸이, 시계, 반지 등으로 세분화한다. 네 번째는 정리 및 보관Organizing and Storing이다. 세분화한 물건들을 정리하여 수납할 공간을 정한다. 각각의 하위 그룹에 맞는 보관 장소를 선택하고, 물건을 깔끔하게 배열한다. 이때 자주 사용하는 물건은 쉽게 접근할 수 있는 곳에 두고, 드물게 사용하는 물건은 보다 뒤쪽이나 상단에 보관하면 편리하다. 다섯 번째는 라벨링Labeling이다. 정리한 물건에 라벨링을 해두면 어떤 물건이 어디에 있는지 쉽게 파악할 수 있다. 라벨을 붙여서 각 보관함, 서랍, 선반 등의 내용을 표시해 두자. 물건을 찾을 때마다 온 집을 쑤시고 돌아다니는 일을 멈추게 될 것이다.

셋째, '정기적으로 검토하며 업데이트하는 일'이다. 대개 두 번째 단계까지만 생각하고 정리가 끝났다고 생각하지만 사실은 이 단계가 가장 중요하다. 정리는 '완성'되는 것이 아니라 유지하면서 업데이트를 하는 '진행형'이기 때문이다. 정기적으로 물건들을 검토하며 필요한 경우 업데이트한다. 사용하지 않거나 불필요한 물건은 제거하고, 새로운 물건을 추가할 때에도 분류와 세분화 과정을 거치는 것이 좋다.

이와 같이 단계별로 고민하며 공간 시스템을 만들어두면, 물건을 효과적으로 정리하고 관리하는 것은 물론 물건 때문에 집 안이 점령당하는 폐해를 최소화하면서 공간을 넓게 쓸 수 있다. 게다가 좁은 공간을 넓게 쓰면 여러 가지 이점이 생긴다. 정서적으로 안정되어 쾌활하고 자유로운 기분이 더 자주 들며 좁은 공간에서 느끼던 답답함과 제한된 느낌이 줄어든다. 적절한 가구 배치, 밝은 색상 사용, 큰 거울 등을 활용해 확장된 공간은 시각적인 즐거움도 준다. 집만 업그레이드되는 것이 아니라 내 삶도 업그레이드되는 것이다.

## 공간에 창의성을 부여하라

공간을 넓게 쓴다는 의미는 수납과 정리에 대한 테크닉을 뛰어넘어 내가 좋아하는 공간으로 바꿔보는 것이다. 이럴 때 창의적인 아이디어도 샘솟는다. 똑같은 공간이라도 어떤 창조성을 발휘하느냐에 따라 완전히 다른 장소처럼 느껴진다.

수진(가명) 씨는 부모님이 물려준 20평대 빌라에서 신혼살림을 시작하게 되었다. 어머니가 돌아가시고 아버지가 귀촌을 한 지 얼마 되지 않은 터라 가족이 함께 쓰던 물건들을 미처 다 정리하지 못한 채였다.

"결혼 전후로 진짜 바빴어요. 신혼여행도 미룰 정도였거든요. 집 정리를 해야지, 해야지 하면서도 손을 댈 엄두를 못 내겠더라고요. 그런데 이젠 정리를 해야 할 때가 된 것 같아요."

부부는 최근 안락사를 당할 뻔한 강아지를 새 식구로 맞이했다. 결혼을 하면서 이사를 생각하기도 했지만 반려동물을 기르기에 이곳만큼 제격인 곳도 없었다. 동네는 조용했고 녹지가 넓은 공원도 가까이 있었다. 30년 된 빌라였지만 주기적으로 보수공사를 해서 사는 데 불편함은 없었다. 방마다 햇볕도 잘 들었다. 1년 전에 벽지와 바닥을 바꾸고 창호도 교체했기에 별도의 인테리어를 하지 않아도 되었다. 다만 넘치는 물건과 정돈되지 않은 공간이 문제였다. 고민 끝에 큰방을 남편과의 공용공간인 드레스 룸 겸 침실로 쓰고 중간 방은 수진 씨의 작업실로 만들기로 했다. 가장 작은 방은 남편의 서재로 결정했다. 수진 씨는 현재 경영컨설팅 관련 업무를 하고 있었지만 조만간 스마트스토어를 론칭할 계획을 갖고 있었다. 수진 씨의 남편도 해외 출장이 많아지는 환경을 고려해 영어 공부를 하는 등 혼자만의 공간이 필요했다. 이 시기에 공간을 정리하는 일은 두 사람의 결혼생활은 물론 직업적 변화를 이뤄낼 미래와도 직결된 일이었다.

공간의 목적이 결정되자 정리는 한결 수월했다. 집 안에 남긴 물건보다 내보낸 물건의 양이 압도적으로 많았다. 어마어마한 물건을 보며 동네 사람들도 깜짝 놀랄 정도였다. 심지어 있는지조차 모르고 있었던 물건들도 많았다. 시간을 들여 정성을 기울인 덕분에 집은 점점 부부에게 알맞은 공간으로 다시 태어나기 시작했다. 가장 큰 변화를 보인 곳은 수진 씨가 작업실로 쓸 방이었다. 아버지가 쓰던 오래된 목제 수납함을 버릴까 말까 고민하던 차에 옷장 서랍 안에서 어머니가 쓰던 섬세한 무늬의 숄을 발견했다.

"엄마가 생전에 좋아하던 숄이에요. 이걸 활용할 수 있는 방법은 없을까요?"

유품처럼 발견된 엄마의 추억이 담긴 물건을 이 집 어딘가에 실용적으로 쓰면 좋겠다는 것이었다. 그때 눈에 띈 것이 목제 수납함이었다. 아버지의 수납함에 어머니의 숄을 덮어보았다. 그 위에 수진 씨가 취미로 모으고 있는 만년필들을 올려두니 앤티크한 분위기가 났다.

수진 씨는 창문 위쪽에 서스펜디드 쉘프(매달린 선반)를 달아 작은 모빌을 걸었다. 햇빛의 움직임에 따라 창문에 예술작품처럼 그림자가 만들어졌다. 시시때때로 움직이는 그림자는 공간에 새로운 생명을 불어넣었다.

"비 오는 날에 창문을 열고 음악 들으면 너무 좋겠죠? 정리를 하면서 집에 새로운 생명과 아름다움을 불어넣은 것 같아요. 공간이 우리를 무척 사랑하고 있다는 기분마저 들어요."

빛은 공간에 따뜻한 온기를 불어넣는 훌륭한 도구이다

수진 씨는 굉장히 만족스러운 미소를 지으며 밝게 말했다. 나도 고개를 끄덕였다. 이 방은 비 오는 날은 물론 맑은 날에도 흐린 날에도 그녀가 마음껏 창의성을 발휘할 공간임에 틀림없었다. 하나둘 공간이 되살아나면서 작업에도 속도가 붙었다. 거실의 창문을 열어 들어오는 햇살로 공간을 밝게 만들었다. 편안한 소파와 탁자를 배치하니 부부가 휴식 시간을 보내기 좋은 공간이 되었다. 작업은 저녁 늦게야 끝났다. 하지만 수진 씨의 열정은 끝나지 않았다. 미리 구매해 두었다는 작은 조명을 집 안 곳곳에 설치했다. 유리병을 이용하여 만든 램프를 켜고, 코너마다 양초를 놓아 분위기를 조성했다. 조명이 켜지자 공간에 따뜻한 빛이 숨결처럼 밀려들었다. 마치 집 전체가 두 사람을 따뜻하게 안아주는 기분이 들었다. 부부의 얼굴에 만족스러운 미소가 감돌았다.

## 두 배로 넓게 쓰는 정리의 기술

수진 씨 부부의 공간을 정리하면서 가장 염두에 두었던 점은 '공간 시스템'을 만드는 일이었다. 공간 시스템을 갖추면 주어진 공간을 효율적으로 활용할 수 있어 좁은 공간도 넓게 쓰는 장점이 생긴다. 집 안을 생활, 사무, 휴식 등 필요에 따라 나눠 공간의 레이아웃을 비롯해 가구 및 수납 시스템, 물품의 배치 및 분류 방법 등을 조직하는 것이다.

앞에서도 설명한 것처럼 공간 시스템을 만드는 첫 번째 단계는 공간의 목적을 정하는 일이다. 이 일이 끝난 후에는 두 번째 단계인 공간에 맞게 물건을 재배치하는 작업에 돌입한다. 실제로 정리가 끝나자 20평대의 공간이 30평대처럼 보였다. 무엇이 이런 마법을 가능하게 한 것일까? 지금부터 좁은 공간도 두 배로 넓게 쓰는 정리의 기술을 공개한다. 다음에 설명하는 세 가지 핵심을 기억하며 자신의 현실에 맞춰 응용해 보자.

첫째는 '제거하기'이다. 집 안에 불필요한 물건들을 버리거나 나누거나 기부함으로써 공간에서 제거하는 일이다. 불필요한 물건들은 공간을 차지하고 시각적 혼란을 일으킨다. 주기적으로 물건을 살펴보면서 낡은 것은 버리고 쓰지 않는 물건은 기부하자. 물건을 많이 갖고 사는 것이 행복한 삶인 것 같지만 양보다는 질이다. 잘 버리는 일은 잘 남기는 일이기도 하다. 그러기 위해서는 두 가지가 필요하다. 하나는 '민감한 소유 인식'이다. 우리는 종종 물건을 보관하는 습관에 휘둘리곤 한다. 계속해서 물건을 사고 쟁이는 습관은 불필요한 물건을 쌓이게 만든다. 자신의 소유에 대해 민감해져야 한다. 실제로 사용하거나 가치를 느끼는 물건들을 구별하고, 그 외의 물건들을 정기적으로 검토하여 추가로 버리는 것이다. 공간을 확보하는 것은 물론 정리된 환경에서 평온한 삶을 살 수 있다. 또 하나는 '지속 가능한 소비 습관'의 형성이다. 불필요한 물건을 줄이기 위해서는 새로운 물건을 구매하는 습관 또한 조절해야 한다. 중요한 것은 물건의 품질을 우선시하는 것이다. 품질이 좋은 제품은 오래 사용할 수 있으며, 물건을 자주 교체하지 않아도 된다.

둘째는 '수직과 수평 공간 활용하기'이다. 방, 주방, 거실 같은 정해진 공간 외에 벽과 천장 등 수직과 수평의 공간을 활용하는 것이다. 벽에 선반을 부착하거나 간단한 훅을 이용하여 물건을 걸어두자. 가구를 높게 배치하여 수직적인 공간을 활용하는 것도 좋은 방법이다. 높은 서랍장, 찬장, 책상 등을 활용하면 바닥 공간을 확보할 수 있다. 빈 벽은 눈에 띄지 않는 죽어 있는 공간일 수 있다. 하지만 이 공간을 갤러리 월로 만들면 예술적인 느낌을 주어 집 안 분위기가 한층 업그레이드된다. 사진, 그림, 포스터 등을 걸어서 멋을 더해보자. 수직적 공간을 생각할 때 주의할 점은 방해물을 최소화해야 한다는 것이다. 문 뒤에 의자를 두거나 화장지를 쌓아두는 등 가구나 물건 때문에 이동 공간을 방해받으면 주객전도가 되는 셈이다. 공간을 넓게 쓰는 의미가 더 많은 물건을 쌓아두기 위해서가 아니라는 점을 명심하자.

수평적인 공간을 활용하는 법은 창문틀이나 천장에 서스펜디드 쉘프를 설치하는 것이다. 화분이나 장식품을 매달면 공간을 활용하면서도 아름다운 인테리어 요소로 활용된다. 침대 아래 공간을 활용하거나, 행거를 확장하고, 선반과 수납장을 설치하는 것도

천장이나 벽에 화분을 매달면 훌륭한 인테리어 요소가 된다

고려해 볼 만하다. 그러나 수납을 많이 하기 위해 벽이나 천장을 이용하는 것은 피하는 게 좋다. 여러 번 강조하지만 물건의 양이 공간의 한계를 넘어서면 집은 금세 창고가 된다.

셋째는 '묶어두기'이다. 비슷한 종류의 물건들을 카테고리로 범주화시켜 같은 공간에 두면 시각적으로 정돈된 느낌을 준다. 쉽게 말해 주방용품은 주방에, 욕실용품은 욕실에 두는 것이다. 침실, 주방, 욕실 등 공간을 크게 나눈 후 다시 분류한다. 예를 들어 드레스 룸에 있는 옷장을 생각해 보자. 옷장을 정리할 때도 운동복, 정장, 일상복 등 비슷한 종류의 옷을 함께 보관하면 옷 선택이 쉬워진다. 모자, 가방 등도 종류별로 묶어두면 공간이 깔끔해진다. 시각적인 균형을 유지하면서 공간을 활용하면, 불필요한 혼란을 줄이고 편안한 분위기를 조성할 수 있다.

묶어두기의 최대 장점은 효율성이다. 비슷한 물건을 묶어서 보관하면 필요한 물건을 빠르게 찾을 수 있다. 이러한 구조는 시간과 노력을 절약하며, 일상생활을 보다 효율적으로 관리할 수 있게 해준다. 저장 공간 또한 효율적으로 활용할 수 있다. 서로 비슷한 크기나 형태의 물건을 함께 두면 개별적으로 보관할 때보다 더 적은 공간을 차지한다.

실제 수진 씨 부부는 정리를 통해 마음이 안정되고 일상이 풍요로워졌다며 감사의 인사를 전해왔다. 앞으로 잘 유지하면서 행복하게 살아가고 싶다는 말도 덧붙였다. 좁은 집을 넓게 사용하는 방법을 알게 된 그들은 새로운 세계의 탐험가처럼, 작은 집 안에서 무한한 가능성과 행복을 발견하고 있다. 부모로부터 독립해 자신의 가족을 꾸리고 새로운 인생항로를 시작한 수진 씨 부부가 앞으로 어떤 공간을 창조하면서 살게 될지 무척 궁금하다.

# 죽어 있거나
# 숨어 있거나

## 당신의 절망을 넘어설 수 있다면

미진 씨는 이혼 후 1년이 넘도록 슬픔과 무기력함에 사로잡힌 채 살고 있었다. 알코올 문제로 양육권마저 빼앗겼기에 마음이 걷잡을 수 없이 무너진 상태였다. 밖에도 나가지 않고 집 안에 숨어 있다시피 지내는 미진 씨를 설득한 사람은 동생처럼 가까이 지내던 후배였다.

"언니는 여전히 과거에 묶여 있어. 이렇게 계속 살고 싶어?"

"나도 변하고 싶지만… 솔직히 뭘 어떻게 해야 할지 모르겠어."

"눈에 보이는 것부터 시작해 보자. 먼저 집 정리부터 해보는 건 어때?"

"집 정리?"

"응. 내가 작년에 공간 컨설팅 받은 거 알지? 전문가에게 도움 받았는데 확실하게 기분 전환이 되더라고. 생활도 많이 바뀌고. 당장 이사를 갈 수는 없으니 집 분위기부터 싹 바꿔보자. 그러고 나면 언니도 뭐든 다시 시작할 수 있을 거야."

그렇게 미진 씨는 후배에게 나를 소개받았다며 연락을 해왔다. 미팅을 하면서 의견을 듣던 중 어떤 공간이 되길 원하느냐고 물었다. 잠시 침묵을 지키던 미진 씨는 간결하게 대답했다.

"집을 살리고 싶어요."

"집을 살리고 싶다는 게 무슨 의미인가요?"

그 말에 미진 씨는 눈길을 돌렸다. 미진 씨의 눈길이 머문 곳은 침실이었다. 침실 문은 닫혀 있었다. 문이 문으로 기능하려면 열리고 닫혀야 한다. 활짝 열린 문은 안과 밖을 연결해 주는 가교 역할을 하지만, 굳게 닫힌 채 열리지 않는 문은 철옹성을 지키는 성벽처럼 보인다.

미진 씨가 보고 있는 저 문은 얼마나 오랫동안 벽으로 있었을까. 한 치의 틈도 없이 꽉 닫혀 있는 문은 입을 다문 채 소통을 거부하는 것처럼 보였다. 저 안에 존재하는 공간이 현재 어떤 모습일지 조금은 상상이 되었다. 적어도 살가운 온기가 느껴지는 방은 아닐 터였다. 그래서였을까, '죽은 공간을 살리고 싶다'는 말이 더욱 실감나게 들렸다. 가족과 함께 다정한 시간을 보냈을 곳이지만 이별 후엔 아픈 기억만 남은 곳일 테니까.

"침실에 들어갈 때마다 괴로운 감정에 시달렸어요. 참지 못하고 상처가 되는 말을 퍼부었던 곳도 저기였죠."

그녀는 안방에 들어가는 것도 싫어서 현관 바로 앞에 있는 가장 작은 방에 이불을 깐 채 생활하고 있다고 했다. 혼자 살기 충분히 넓은 집에서 피난민처럼 문간방 생활을 자처하고 있었던 것이다. 그녀의 얼굴에 번지기 시작한 상실감과 우울감을 짐짓 모른 척하며 그녀가 다시 말을 꺼내기를 기다렸다. 미진 씨의 그늘진 얼굴이 많이 지치고 외로워보였다.

"제가 속이 좁았어요. 남편이 왜 힘들어했는지 헤어지고 나니까 알겠더라고요. 미안하다고, 다시 시작하자고, 내가 더 잘하겠다고 붙잡았지만 아무 소용없었어요. 되돌리기에 남편은 너무 지쳐 있었어요."

남편의 마음은 이미 식은 지 오래였다. 마음의 온도를 올리려는 어떤 노력도 통하지 않는다는 것을 깨달은 순간, 그제야 자신의 결혼 생활이 끝났음을 깨달았다. 마음으로 이혼을 받아들이자, 더 큰 혼란이 찾아왔다. 혼자서 무엇을 어떻게 해야 할지 알 수 없었던 것이다.

"예전엔 이 집에 따뜻한 온기가 있었어요. 그런데 지금은 죽은 공간이 되어버린 것 같아요. 밤에 자려고 누우면 저마저도 종종 죽은 사람처럼 느껴져요. 이젠 벗어나고 싶다는 생각이 들어요. 어쨌든 저는 이 집에서 계속 살아야 하니까요…. 살아야 하니까."

　살아야 한다는 말이 이때처럼 절실하게 들린 적이 없었다. 그랬다. 미진 씨는 이 집에서 살아야 했고 동시에 자신의 삶을 살아야 했다. 그 말이 절실하게 들린 것은 그녀의 마음이 그만큼 절실했기 때문일 것이다. 그러나 이날 미진 씨는 조금 더 생각해 보겠다며 컨설팅을 미루었다. 자기 삶을 되살리기 위해서라도 정리를 해야 한다는 마음이 생기기 시작했지만 과감하게 실행할 준비는 안 되어 있었던 것이다. 우리는 조금 더 기다려보기로 했다. 정리에 대한 생각이 미진 씨 마음에 씨앗으로 뿌려졌으니 언젠가는 반드시 싹을 틔울 것이라고 믿었기 때문이다. 그리고 그날은 머지않아 다가왔다. 계기는 여행이었다.

　미진 씨는 낯선 공간에서 눈을 떴다. 밤늦게 도착해서 새벽이 되어서야 눈을 붙인 뒤라 눈꺼풀이 무거웠다. 오전 9시가 갓 지난 시간이었지만 아침부터 한여름의 열감이 느껴졌다. 조금 더 누워 있고 싶은 유혹을 떨치고 침대에서 일어나 창문을 열었다. 방 안의 열기와 달리 바람은 시원하고 상쾌한 느낌이 들었다. 창문 밖으로 눈을 돌리자, 그녀가 아주 오랫동안 본 적이 없던 경치가 펼쳐져 있었다. 어젯밤 체크인을 하면서 보았던 높은 건물들과 좁은 골목 사이로 푸른 하늘과 초록빛 나무들이 시야를 가득 채우고 있었던 것이다. 숨이 멎을 듯한 아름다움에 감탄하며 눈을 감았다가 다시 창문 밖을 바라보았다.

"한순간에 다른 세상에 온 것 같았어요."

에어비앤비를 통해 단기로 빌린 집이었다. 방에서 보이는 모든 풍경이 넓고 근사했다. 집은 작았지만 결코 좁지 않았다. 바깥 풍경을 보고 있노라면 창문으로 이어진 넓은 세상이 이 집의 정원처럼 느껴졌다. 아침 식사 후, 그녀는 집 안을 둘러보기 시작했다. 벽면에 설치된 서랍과 선반엔 물건들이 깔끔하게 정리되어 있었다. 심플하면서도 쓰임새 좋게 놓인 가구들이 집을 더 편안하고 아늑하게 만들고 있었다. 모든 문과 창문들은 방해받지 않고 활짝 열렸다. 침실에서 주방, 주방에서 거실, 거실에서 화장실, 한 공간에서 다른 공간으로 물 흐르듯 이어졌다. 작은 아파트였지만, 구석구석 활용되는 공간들은 놀랄 만큼 기능적이었다. 작은 공간에서도 얼마든지 큰 세상에서 느끼는 듯한 편안함을 누릴 수 있다는 것을 처음 경험한 것이었다.

자신이 머물던 공간을 떠올렸다. 문을 열고 주방과 거실로 나가려면 소파와 테이블 등 자잘한 방해요소들을 지나야만 했다. 원하는 장소로 유연하게 나아가지 못하는 집이 생각대로 잘 풀리지 않는 자신의 인생과 어딘가 비슷하다는 생각도 들었다. 변하고 싶다는 생각이 강렬하게 솟구쳤다. 인생을 어떻게 다시 시작해야 할지는 알 수 없었지만 술을 끊고, 집을 정리하는 일은 할 수 있었다. 거기서부터 시작해 보자고 마음먹었다.

# 죽은 공간 살리기

정리를 시작한 첫날, 미진 씨는 열정적으로 정리에 몰두했다. 방치되어 있던 물건들을 모아서 더 이상 필요 없는 것들을 과감하게 골라냈다. 집 안에 놓인 물건들 중에서 어떤 것들은 우리와 감정적으로 강하게 연결되어 있다. 과거의 기억과 경험이 담긴 물건들을 보면, 그와 관련된 감정이 떠오르는 것이다. 미진 씨에게는 신혼 때의 물건들이 그런 경우였다. 남편과 사이가 좋던 시간들이 지금 처한 상황과 대비되었다. 집에 있는 물건들 중에 어느 것 하나라도 무덤덤하게 바라볼 수 있는 것이 없었다. 당장 필요한 물건이긴 했지만 아픈 상처를 건드렸기에 버릴지 말지를 고민하는 것이 더 힘들었다. 생각의 전환이 필요한 때였다.

"물건에만 집중해서 그래요. 미진 씨가 살고 싶은 공간을 좀 더 생각해 봐요."

미진 씨는 고개를 끄덕였다. 물건은 물건일 뿐 그보다 더 중요한 것은 자신이 살아가고 싶은 공간으로 만드는 것이었다. 심호흡을 몇 번 하던 미진 씨는 그제야 비로소 자신에게 필요한 물건과 필요하지 않은 물건을 골라내기 시작했다. 물건을 정리하는 일이 공간을 살리기 위해서라는 것을 깨달은 것이다. 때로 정리와 정돈은 감정과 기억을 효과적으로 다루는 방법 중 하나로 작용한다. 불필요한 물건들을 정리함으로써 부정적인 감정들을 덜어내고, 정리의 목적을 기억함으로써 긍정적인 기억과 감정을 더욱 강화시키는 것이다.

미진 씨가 처음으로 살려낸 공간은 침실이었다. 나는 안방을 미진 씨를 위한 '휴식의 방'으로 적극 추천했다. 이혼 후 미진 씨는 이 집의 주인으로 살아오지 못했다. 앞으로도 가장 큰 방인 침실엔 아예 들어가지도 않고 현관 옆 가장 작은 방에서 객식구처럼 살아간다면 본인 스스로 이 집의 진정한 주인으로 느끼지 못할 것 같아서였다.

공간을 살리는 일은 집을 쾌적하고 아름다운 공간으로 꾸미는 일도 포함하지만 그보다 훨씬 더 중요한 사실이 있다. 그 집에서 살아가는 사람이 스스로를 공간의 주인으로 여기고 있는가 하는 것이다. 정리를 깔끔하게 해둔다고 한들 그 공간을 마음껏 누리지 못한다면 무슨 소용이겠는가. 예전에는 물건들을 모시고 살았다면 이제는 공간을 모시고 사는 것과 다름없는 것이다. 이것은 실제적으로 집의 소유주이든 전세를 살든 월세를 살든 상관없는 문제이다. 하루를 살아도 마음 편안하게 쉴 수 있는 곳이냐 아니냐가 중요하다.

침실을 정리하는 과정은 편안하고 휴식을 취할 수 있는 공간을 만들기 위해 중요하다. 미진 씨의 사례와 관련해 침실을 정리할 때 알아두면 좋을 팁을 몇 가지 소개한다. 먼저 사용하지 않는 물건이나 필요 없는 물건들을 분류하고 정리한다. 옷장, 서랍, 선반 등의 공간을 확인하면서 사용하지 않는 옷이나 물건은 버리거나 기부하자. 침실에서 가장 중요한 가구는 침대이다. 침대를 사용하지 않는 경우 침구가 놓일 자리라고 생각하면 된다. 침대는 침실의 중심이며 휴식의 장소이다. 침대 위에는 아무것도 올려두지 않는 것을 원칙으로 하고, 침구를 정돈하여 깔끔하게 지내자. 침구를 주기적으로 교체하거나 세탁하는 일도 기억하자.

작은 물건들은 서랍, 선반, 옷장 등 침실 내에 수납공간을 활용하여 정리한다. 물건을 배치할 때는 기능성을 우선적으로 고려하자. 자주 사용하는 물건은 손쉽게 접근 가능한 곳에 두고, 덜 사용하는 물건은 안쪽에 배치하는 것이다. 또 침실에 소품과 장식품을 놓아둘 때는 최소한의 것만으로 분위기를 연출하자. 과도한 장식은 쾌적한 휴식을 방해할 수 있기 때문이다.

또 한 가지 잊지 말아야 할 것이 '환기'이다. 공간을 살리는 가장 중요한 것 중의 하나가 '빛과 공기'이다. 매일 커튼을 걷어 햇빛을 채우고 침실 내의 공기를 꾸준히 환기시키자. 깨끗하고 상쾌한 환경은 편안한 수면을 위해 중요하다. 침실은 개인적인 휴식 공간이므로, 자신만의 스타일과 취향을 반영할 수 있는 요소들을 포함하되 '휴식'을 위한 공간이라는 것을 기억하자. 침실 정리는 편안하고 안락한 공간을 만들기 위한 중요한 단계이다. 위의 팁을 따라가며 침실을 꾸미고 정리하면 휴식과 재충전의 공간으로서의 기능을 더욱 효과적으로 높일 수 있다.

매일 커튼을 걷어 햇빛을 침실 가득 채우자

침실을 정리할 때 침대를 편안한 공간으로 살리는 일과 더불어 가장 신경을 썼던 것은 옷장이었다. 미진 씨의 집은 드레스 룸이 따로 없었지만 침실 공간이 넓었다. 붙박이장을 짜거나 큰 옷장을 둘 수 있을 만큼 넉넉했지만 그 또한 물건을 늘리는 일이기에 신중해야 한다. 결국 우리는 새로운 가구를 들이는 대신 공간을 분리해 거울이 달린 슬라이드 도어를 설치하고 그 안에 기존에 쓰던 행거와 서랍장을 넣기로 했다.

　　미진 씨가 다시 일을 시작하기로 결심했기에 자신감을 회복하기 위해서라도 자신에게 잘 어울리는 옷들만 남겨두기로 했다. 다시 세상에 나아가 자신만의 싸움을 해야 할 테니 옷들은 일종의 '전투복'과 같았다. 절대 소홀히 할 수 없는 일이었다. 옷장 속에 묻혀 있던 옷들을 하나씩 꺼냈다. 시간이 흘러도 입지 않는 옷들, 옛 추억의 냄새가 짙게 배어 있는 옷들, 남편의 취향에 맞춰 산 것들이기에 이제는 더 이상 입지 않는 옷들이었다.

　　그렇다면 옷장을 정리할 때 주의해야 할 몇 가지 중요한 점들을 살펴보자. 내가 첫 손에 꼽는 것은 청결이다. 옷장은 의외로 먼지가 많이 쌓이는 곳이다. 방 구석구석을 매일 청소하는 사람은 있어도 옷장 구석구석을 청소하는 사람은 거의 없을 것이다. 손길이 잘 안 닿기도 하는 데다 옷은 의류라는 특성상 먼지가 많이 생긴다. 이 옷들을 몇 년씩 품고 있는 옷장에도 당연히 먼지가 쌓일 수밖에 없다. 매일은 아니더라도 주기적으로 청소를 해주는 일은 옷을 잘 관리하기 위해서라도 꼭 필요하다.

옷장을 정리할 때 우선순위는 다른 공간과 마찬가지로 분류와 선택을 하는 일이다. 모든 옷을 다 꺼내어 한 장소에 쌓아 둔 후 입지 않거나 오래된 옷들은 버리거나 기부한다. 옷장에 자주 입는 옷들을 우선적으로 보관하고 배치하여 편리하게 찾을 수 있도록 해야 한다. 분류의 기준은 계절, 기능, 소재 등 여러 가지가 있다. 내가 갖고 있는 옷의 특성과 양에 따라 기준을 세워 분류하면 된다. 만약 계절을 선택했다면 현재 계절에 적합한 옷들을 앞쪽에 두고, 다음 계절을 위한 옷들은 뒤쪽에 보관한다.

공간이 넉넉하다면 모든 옷을 걸어두는 게 좋지만 상자나 서랍에 넣어야 한다면 눕혀서 쌓는 방식보다 세워서 나열하는 방식을 권한다. 접어둔 옷이든 걸어둔 옷이든 자기만의 공간을 확보해 주는 것이다. 그래야 꺼낼 때 무너지지 않는다. 특히 원피스, 셔츠, 재킷은 되도록 걸어두는 게 좋다. 이때 팁 하나를 더 주자면 옷장 안의 옷걸이를 통일하라는 것이다. 이것만 해도 한결 산뜻해 보인다.

액세서리, 벨트, 스카프 등의 작은 소품은 상자나 훅 등을 사용하여 뒤섞이지 않도록 주의해야 한다. 마지막으로 계절이 바뀔 때나 물건이 늘어날 때에는 필요한 조치를 취하여 옷장을 꾸준히 정리하는 것이 좋다.

미진 씨의 집을 정리하면서 죽어 있던 공간이 살아나는 것을 느낄 수 있었다. 집을 정리하는 일은 말 그대로 공간을 살리는 일이었고, 공간을 살리는 일은 물리적 환경을 정리하는 일을 넘어 그녀를 온전하게 살리는 일로 보였다. 케케묵은 먼지를 잔뜩 뒤집어쓰고 있던 과거의 시간이 반짝반짝 빛나는 현재의 시간으로 거듭나고 있었다. 그 모든 과정이 이별의 고통으로 힘들어하던 미진 씨를 위로하는 것 같았다.

## 숨은 공간 살리기

집을 정리할 때 '죽은 공간을 살리는 일'과 더불어 '숨은 공간을 찾는 일'도 중요하다. 이것은 어느 집을 정리하든 가능한 일이고 공간 시스템을 만들어 넓게 쓰는 데도 효과적이다. 과연 이 두 가지는 무엇이 다를까?

죽은 공간을 살리는 일은 이미 존재하는 공간 중에서 사용되지 않거나 소홀히 다뤄진 부분을 활용하여 더 기능적이고 아름다운 공간으로 변화시키는 것이다. 예를 들어 미진 씨의 경우처럼 제대로 사용하지 않던 침실을 기능적으로 되살려주는 것이다. 또한 집 안의 코너나 벽면을 잘 활용하여 작은 독서 공간을 만들거나, 사용하지 않던 곳을 수납공간으로 활용하기도 한다. 이런 작업은 기존의 공간을 최대한 활용하면서 더 많은 기능을 부여하는 것을 목표로 한다.

숨은 공간을 찾는 일은 보이지 않거나 인지되지 않은 숨겨진 공간을 찾아내어 활용하는 것을 의미한다. 집 안의 벽면, 천장, 바닥 등의 구조적 요소나 물건들 사이에 숨어 있는 빈 공간을 찾아내서 활용하거나 기능적인 공간으로 변화시키는 것이 목표이다. 예를 들어, 벽면에 나무선반을 부착하여 책이나 장식품을 올리거나 천장에 공간을 확장하는 것도 숨은 공간을 찾아내는 일이다.

죽은 공간을 살리는 일은 이미 존재하는 공간의 잠재력을 최대한 활용하는 작업이며, 숨은 공간을 찾는 일은 집의 구조적 특성을 이용하여 새로운 공간을 창출하거나 기능을 부여하는 작업이다. 두 가지 작업은 각각의 특성을 갖고 있지만 하나의 공통점을 지닌다. 집 안의 공간을 더욱 효과적으로 활용함으로써 보다 편안하고 아름다운 환경을 조성하는 일이다.

가장 쉽게 찾을 수 있는 공간은 벽이다. 미진 씨는 삶의 의욕을 올리기 위해 살아 있는 무언가를 키우고 싶어 했다. 반려동물을 데려오기는 벅찰 것 같아 식물을 키우는 일부터 해보기로 했다. 손이 덜 가면서도 튼튼하게 잘 살아남는 식물 리스트를 찾아보더니 공중에 매달려 생장하기에 공중 식물, 또는 행잉 식물이라고 불리는 품종 몇 개를 선택했다. 이를 위해 벽면에 행거를 설치했다. 일종의 '벽면 정원'을 만든 셈이다.

"와, 이건 정말 공간의 숨은 기적이네요."

초록빛 식물 덕분에 실내가 더욱 활기차고 자연스러운 분위기

작은 의자는 스툴이나 장식용으로 쓸 수 있다

로 가득 찼다. 아주 작은 변화였지만 공간에 숨결이 불어넣어진 것 같았다. 두 번째 찾아낸 숨은 공간은 이미 침실에서 활용 중이었다. 침실과 드레스 룸을 구분하는 공간, 즉 벽 너머 공간이었다. 이것은 '마법 같은 공간 변신'으로 불릴 만큼 좁은 집을 더 넓게 만들어준다. 거울이 부착된 슬라이딩 도어를 활용하여 벽 너머 공간을 부활시키면, 거울 효과로 인해 실제보다 훨씬 넓어 보이는 효과가 생기면서도 별도의 공간을 쓸 수 있기 때문이다. 이렇게 열린 경계를 만들어주면, 공간이 더욱 개방적으로 보인다.

또 다른 숨은 공간은 가구에 있다. 좁은 집에서는 하나의 가구를 다양하게 이용할 것을 권한다. 예를 들어, 식탁은 필요할 때 책상으로 변신하거나 작은 의자는 스툴이나 장식용으로 쓸 수 있다. 벽에 거는 수납장은 작은 선반으로 활용할 수 있다. 이렇게 물건 하나하나가 다양한 용도로 활용되면, 공간을 더욱 여유롭게 누릴 수 있다.

공간 자체를 활용하지 않고도 좁은 공간을 넓어 보이게 할 수 있다. 색상이 불러오는 마법이다. 밝은 색상으로 공간을 통일하면 구분되는 경계 없이 하나의 공간처럼 느껴진다. 반대로 공간을 분할할 때도 가구를 놓거나 벽을 세우지 않고 색상을 활용하면, 각각의 공간이 더욱 명확하게 정의된다. 거실과 주방이 하나의 공간으로 되어 있을 경우 전체 색상은 통일하되 주방 타일만 다른 색상으로 배치하는 식이다. 색채에 대한 감각을 키우면 공간에 대한 감각도 달라지는 재미를 느낄 수 있다. 집 정리의 마법은 공간 속 숨겨진 아름다움을 찾아내는 것에 있다. 우리는 종종 죽어 있는 것처럼 보이는 공간을 놓치곤 한다. 그러나 작은 관심과 상상력을 통해 잊힌 공간에 새로운 삶을 불어넣을 수 있다.

정리를 하면 할수록 미진 씨의 얼굴에 생기가 돌았다. 목소리의 톤마저 바뀌었다. 낮은 '도' 정도 되던 목소리가 '미'나 '솔'로 높아졌다. 닫힌 방문 하나를 열 때마다 과거의 기억에 사로잡힌 채 그녀를 속박했던 공간이 이제는 행복하게 살아도 된다고 속삭이는 듯했다. 한쪽 모서리에 놓인 작은 탁자는 오랜만에 놓인 책으로 인해 새로운 세상으로 향하는 창문이 되었다. 평범하던 벽면은 초록빛 식물 덕분에 작은 정원으로 창조되었다.

3일 동안 이어진 정리가 끝난 후 달라진 집을 보면서 미진 씨는 눈물을 펑펑 쏟았다. 정성이 담긴 공간은 우리를 치유하며 감동시키고 영감을 준다. 변해가는 집을 바라보며 정리가 주는 효과에 놀라고 감사한 것은 미진 씨뿐만이 아니었다. 나 또한 놀라운 감정을 공유했다. 지금까지 해온 일은 물론 나의 삶도 훨씬 더 행복하고 의미 있게 느껴졌다. 살아 있는 공간을 만들어가는 과정이 얼마나 커다란 보람과 행복을 안겨주는지 강렬하게 깨달았기 때문이다.

**무질서한 물건들 사이로 숨겨진 죽은 공간은 마치 잊어버린 이야기들과도 같다. 그러나 우리는 언제든 이 잠든 순간을 깨울 수 있고, 미래를 위한 시작점으로 만들 수 있다.** 미진 씨의 공간은 오랫동안 방치되어 있었으나 이제는 그 누구보다 미진 씨에게 환영받는 곳이 되었다. 마치 작가가 공백의 페이지를 단어로 채워나가듯, 스스로의 힘으로 공간에 생명과 아름다움을 불어넣게 된 것이다.

# 04

# 잘 어지르는
# 당신을 위한 정리법

## 어지르는 것도 습관이다

온종일 바쁘게 움직이는 도시의 한 구석에 한 남자가 살고 있었다. 그 남자는 잘 어지르는 사람으로 알려져 있었다. 그의 집은 책과 옷이 어지럽게 놓여 있었고, 먼지가 쌓여 있는 물건들이 곳곳에 흩어져 있었다. 그러나 그는 이 어지러운 집을 보면서도 '나중에 치우자'라고 생각하곤 했다. 그의 삶은 끝없이 반복되는 습관들로 가득 차 있었다. 아침마다 알람이 울리면 눈을 뜨고 기지개를 펼치며 침대를 떠났다. 그 순간부터 모든 게 혼돈으로 변했다. 옷장을 열어 옷을 골라 입기도 전에 옷들이 바닥에 떨어졌고, 아침 식사를 한 식탁 위에는 며칠 전에 먹은 패스트푸드의 봉지가 그대로 놓여 있었다.

아침마다 지갑과 차키, 휴대전화를 찾아 헤맸고, 책상에서 필요한 서류를 찾지 못해 회사 업무에 지연이 발생하기도 했다. 이런 습관은 그의 일상을 혼란스럽고 스트레스 상태로 만들어갔다. 그는 스트레스를 받으면 더욱 어지럽게 사는 경향이 있었다. 스트레스가 쌓이면서 집 안은 더욱 지저분해지고, 물건들은 무질서하게 흩어져 있었다. 방은 옷과 물건으로 가득 찼고, 무작위로 쌓여 있는 책과 종이로 인해 바닥은 보이지 않을 정도였다. 책상 위에는 먹다 남은 음식 쓰레기와 더러운 그릇들이 널려 있었고, 냉장고는 유통기한이 지난 식품으로 가득 차 있었다. 하지만 그에게는 이러한 불규칙한 생활이 문제되지 않았다. 어지러운 방에서도 어떤 것이 어디에 있는지 잘 알고 있다고 믿었기 때문이다. 그는 자신에 대해 이렇게 생각했다.

"정리하는 데에는 능숙하지 않지만, 살아가는 데에는 전혀 문제가 없잖아."

그의 어지르는 습관은 단순히 집 안에만 국한되지 않았다. 생활 패턴에서도 불규칙성이 뚜렷하게 드러났다. 계획을 세우는 것을 싫어하여, 간혹 약속을 잊어버리기도 했다. 이로 인해 사람들과의 관계에서 어려움을 겪기도 했다. 주변 사람들은 그의 습관을 이해하지 못했다. 그는 항상 시간을 지키지 않고, 약속을 어기며, 정해진 계획대로 행동하지 않았다. 친구들과 만나기로 약속했어도 어딘가에서 길을 잃어 시간에 늦기도 하고, 회의나 소모임에 참석하는 것을 깜빡하는 일도 자주 있었다. 그래서 인간관계에서도 고립되어가고 있었다.

물론 그에게도 소중한 것들이 있었다. 오랫동안 모아온 피규어 컬렉션과 기념품들을 가지고 있었고, 그중에는 소중한 추억과 감동이 묻어나오는 것들도 있었다. 그러나 그는 이러한 물건들을 잘 다루지 못했고, 어지러운 집 안 어딘가에 그저 놓아두기만 했다. 그에게 언제부터 이런 상태였냐고 묻는다면 그는 대답하기 어려울 것이다. 왜냐하면 그가 기억하는 한 항상 이런 상태였으니까. 본인도 어쩌다 이런 상태가 되었는지 모른다는 것은 스스로가 이런 어지러움을 잘 다루지 못하고 있다는 사실을 증명하는 것에 지나지 않는다.

그는 항상 잘 어지르는 사람이었다. 그의 방은 늘 지저분하고, 옷은 산처럼 쌓여 있었고, 책상은 종이들로 가득 차 있었다. 무심코 놓았던 물건들이 자신의 공간을 차지했지만 그는 어떻게든 눈에 띄지 않도록 무시하고 지냈다. 어지러운 방은 마치 그의 내면을 반영하는 듯했다. 꼬리에 꼬리를 물고 나오는 생각들은 그를 지치게 했고, 마음의 무게는 어지러움을 더욱 커지게 만들었다.

시간이 지날수록 그의 어지럽히는 행위는 습관이 되었다. 아침마다 무의식적으로 물건들을 던지고, 밤에는 어지러운 방에서 편안함을 찾았다. 단순히 정리하는 것보다는, 무작정 놓아두는 것이 더욱 편리했으며, 그의 마음과도 일치했다. 어느새 방에는 더 이상 물건이 들어갈 공간이 없었고, 무거운 무질서가 그의 어깨를 짓누르고 있었다. 어지러운 방은 마치 그를 향해 소리를 지르는 것 같았다. 하지만 이제 와서 일일이 정리하기에는 너무 많은 물건들이 있었다. 가끔 무언가를 처분하기도 했지만, 막상 버리려니 과연 그게 필요 없는 것인지 자꾸만 의심이 들었다.

친구들은 그의 집을 폭풍우를 겪고 있는 난파선 같다고 나무랐지만 그는 이런 불규칙성이 오히려 스스로를 독특하게 만든다고 느꼈다. 소설 속에나 나오는 이야기가 아니냐고? 그럴 리가. 어쩌면 당신의 이야기일지도 모른다.


## 미루지 않는 정리 습관 5단계

위 이야기의 주인공은 민규(가명) 씨이다. 그가 정리를 시작한 것은 폐암 선고를 받은 뒤였다. 담배도 피지 않고 술도 잘 안 마시는 민규 씨는 자신이 폐암에 걸렸다는 사실을 믿을 수 없었다. 친구들이 지저분한 집을 놀리며 "너 그런 식으로 살면 암 걸린다"고 말했던 일이 떠올랐다. 정말 집 때문에 암에 걸린 것은 아니겠지만, 이런 집에서 치료를 받으며 지낼 수는 없다고 생각했다. 자기 집이었지만 객관적으로 머물고 싶은 공간은 아니었던 것이다.

민규 씨처럼 드라마틱한 사연은 아니라고 해도 삶에서 충격적인 일을 겪은 후 집을 정리하는 분들이 간혹 있다. 좋은 일로 집 정리를 하면 내 마음도 기쁘지만, 힘든 일을 겪은 후 집 정리를 하는 분들을 만나면 조심스럽다. 이혼, 상실, 죽음, 병 등 인생에서 만나는 이러한 어려움들은 몇 번을 겪어도 가슴이 아릴 뿐, 익숙해지지 않는다. 다행히 민규 씨는 긴 투병 생활을 잘 마쳤다. 일상으로 복귀해도 된다는 말을 들었을 때 그가 가장 떠올린 단어는 '변화'였다.

그는 생활습관을 바꾸고 싶었지만 스스로 혼자 할 만큼 의지가 강하지 않다는 것을 알고 있었다. 그러다 우연히 유튜브 동영상에서 집을 정리하고 인생이 달라졌다는 사람들의 이야기를 보았다. 모두 평범하게 살아가던 사람들이었다. 환우들이 모여 있는 인터넷 커뮤니티에도 정리와 관련된 이야기가 종종 올라왔었던 사실이 떠올랐다. 그들이 권한 방법은 매일 아주 작은 것부터 정리를 시작해 보는 것이었다. 민규 씨가 보기에도 그 방법은 어렵지 않아 보였다. 서랍 한 칸 정도면 어지르기 대마왕인 자신도 할 수 있을 것 같았다. 그러나 며칠 지나지 않아 서랍 한 칸으로 끝낼 일이 아니라는 것을 깨달았다. 서랍 한 칸에 모든 물건을 넣지 않는 이상 혼란 속에서 살아가는 일은 변함이 없었던 것이다.

병을 고치는 것과 비슷했다. 예를 들어 감기에 걸렸을 때 기침이 나면 기침을 줄이는 약을 먹어서 증상을 낫게 한다. 이것은 단기 처방이었다. 이보다 더 중요한 것은 감기에 잘 걸리지 않도록 면역력을 키우는 생활을 하는 것이었다. 의사 선생님이 자주 하던 말이 떠올랐다.

"암도 일종의 생활습관 병이에요. 평소 어떻게 먹고 자고 스트레스를 관리하며 살았는지 이번 기회에 꼭 반성하세요. 재발하지 않고 완치하려면 생활을 바꿔야 해요."

민규 씨에게 정리는 해도 그만 안 해도 그만인 일이 아니었다. 건강을 위해서라도 생활습관을 바꿔야 했다. 민규 씨처럼 잘 어지르는 사람을 위한 정리법이 따로 있을까? 미루지 않고 그때마다 정리하는 습관을 어떻게 만들 수 있을까? 미루는 습관을 가진 사람들 중에는 의외로 완벽주의자들이 많다. 그러나 크고 완벽한 계획을 세울수록 막상 실행하기는 어렵다.

모든 것을 한꺼번에 정리하려고 하기보다 오늘 할 수 있는 것부터 아주 작은 것 하나, 아주 작은 공간 한 군데부터 시작해 보자. 예를 들어 책상 정리, 옷장 정돈 등을 순차적으로 진행하는 것이다. 민규 씨가 책상 서랍 하나부터 시작한 일은 아주 훌륭하다고 볼 수 있다. 서랍 하나에서 책상으로, 서랍장 하나에서 서랍장 전체로 확장시켜 나가면 된다. 시간이 걸려도 중간에 포기하지만 않는다면 끝까지 해낼 수 있다. 디테일한 정리를 시작하기 전에 선행해야 할 단계를 살펴보자.

1단계는 진단하고 인식하는 과정이다. 집 안이 어질러져 있는 것을 사진으로 남겨 스스로 이것을 진정한 문제라고 생각해야 한다. 만약 문제라고 여겨지지 않는다면 끝까지 해내는 동기가 부여되기 어렵다. 정리 습관을 만드는 일은 누군가가 시킨다고 할 수 있는 게 아니다. 스스로 편리함을 추구하는 긍정적이고 적극적인 동기야말로 가장 큰 힘이 된다. 불필요한 물건들을 보면서 정리가 필요한 구체적인 공간들을 파악하자.

2단계는 목표를 설정하고 계획을 수립하는 과정이다. 정리의 목표를 설정하고, 어떤 방식으로 진행할지 계획을 수립하는 것이다. 큰 목표를 달성하기 위해 작은 단계로 나누어 진행하는 것이 도움이 된다. 침실, 거실, 주방, 화장실 등 공간별로 구획을 나누고 그 안을 세부적으로 또 나눈다. 예를 들어 침실이라면 침대, 옷장, 수납장 등으로 세분화하는 것이다.

3단계는 적절한 도구와 장소를 선정하는 과정이다. 물건이 제대로 정리가 안 된다면 공간이 부족하기 때문이다. 이때 집 전체의 크기도 영향을 주지만 작은 물건을 담아둘 수납 물품이 부족해서일 수도 있다. 수납 상자, 정리함, 선반 등을 활용하면 물건들을 체계적으로 정리하는 데 유용하다. 만약 집에 이런 물건들이 없다면 미리 준비해 두자.

4단계는 분류하고 정리하는 과정이다. 물건들을 꺼내 필요한 물건과 불필요한 것으로 구분한다. 불필요한 물건이라면 주변에 나눠주거나 중고마켓에 파는 것도 좋다. 이때는 과감하게 결정해야 한다. 추억이 담긴 물건일지라도 때로는 감정적인 결합을 단호하게 끊는 연습도 필요하다. 필요하지 않은 물건들은 빠르게 판단하여 버리자. 이때 팁을 한 가지 주자면, 물건에 유통기한을 설정하는 것이다. 식품이든 물품이든 언제까지 사용하지 않으면 버린다고 마음먹는다.

5단계는 정리 습관을 형성하는 과정이다. 사용한 물건을 원래의 장소에 돌려놓고, 꾸준히 청소와 정리를 한다. 이때 심리적인 지지와 보상을 해주면 좋다. 작은 성취들에 대한 칭찬과 적절한 보상이 동기부여를 높여준다. 지속적인 관리를 통해 '정돈된 공간에서 머무는 좋은 감정'을 자신에게 계속해서 느끼게 해준다. 어지러운 공간에 머무는 것이 편안했던 상태에서 그것을 불편하게 느끼는 것으로 인식하는 것이다. 집 정리 과정에서 어려움을 겪는다면 가족, 친구, 혹은 전문가 등 주변의 도움을 받아보자. 함께 정리를 하면서 배우는 것도 생기고 정리가 일로만 느껴지는 게 아니라 재미있는 활동이 되는 경험도 할 수 있다.

잘 어지르는 사람들은 매일 조금씩 정리하는 습관을 키우는 게 좋다. 결국 정리는 시스템을 만드는 일이고, 시스템은 습관을 형성해서 지키는 일이다. 일상적으로 사용하는 물건들은 사용 후 즉시 원래의 위치로 돌려놓고, 더 이상 필요하지 않은 물건들은 바로 정리한다. 정기적으로 정리 시간을 확보하는 것도 좋은 방법이다. 매일 10분을 정리하는 시간으로 정해 집을 둘러보며 정리할 곳을 찾거나, 버릴 품목을 써두거나, 실제로 어떤 공간을 정리해 본다. 이

정돈된 공간에서 머무는 좋은 감정을 계속해서 느끼는 것이 중요하다

런 행동은 정리 습관을 만드는 데는 물론 일상생활을 관리하고 업무 일정을 지키는 일에도 도움이 된다.

## 정리는 단순히 물건을 치우는 일이 아니다

집의 물건을 깨끗하게 정리 정돈하고 나면 상쾌한 기분이 들고, 심지어 새로 태어난 것과 같은 기분마저 드는 이유는 무엇일까? 가장 먼저, 정리된 공간이 주는 정서적 안정감을 꼽을 수 있다. 정리된 집은 불필요한 물건들을 제거하고 깨끗한 공간을 만들어준다. 이로 인해 주변 환경이 정돈되고 조화로워지며, 심리적으로 안정감을 느끼는데, 정서적으로 안정된 환경에서는 스트레스가 감소하고 기분이 좋아지는 경향이 있다.

또한 정리된 공간에 있으면 주변에 어질러진 물건이 없어서 시선을 뺏기지 않는다. 해야 할 일에 몰두하고 다른 일에 한눈팔지 않으니 집중력이 향상된다. 게다가 깔끔하고 조화로운 환경은 창의력을 키우는 데도 도움이 된다. 아직 칠해지지 않은 하얀 도화지에 그림을 그려나가는 것처럼, 여유 있는 공간 속에 있을 때 새로운 아이디어를 생각하거나 문제를 해결하는 능력이 높아지는 것이다. 천장이 높으면 공간이 넓게 느껴지는데, 공간의 개방감을 극대화함으로써 덜 답답하게 느끼도록 한 것이다. 도서관이나 박물관, 미술관 등을 떠올리면 이해할 수 있을 것이다. 실제로 천장이 높은 공간에 있을 때 창의성이 높아진다는 연구결과도 있는데, 이 또한 넓은 공간감과 관계가 있다고 생각한다.

많은 사람들이 직접 집 안을 꾸며나가고 관리하는 과정에서 자신감이 생기고 자신을 긍정적으로 생각하게 되었다는 말을 한다. 나는 자신의 공간을 아름답게 꾸미고 관리하는 일은 자신을 존중하고 사랑하는 표현의 방식이라고 생각한다. 물건들을 정리하고 배치하는 일을 하다 보면 환경을 조절하고 통제하는 능력이 나 자신에게 있다는 확신이 든다. 실제로 집을 정리한 후 민규 씨는 미루기 습관이 줄었다고 했다.

작은 목표를 설정해 한 번에 하나씩 정리해 나가는 방식은 그의 일과 관계에도 영향을 미쳤다. 스트레스를 쌓아두지 않고 그때그때 푸는 것부터 시작해 업무와 관련해서도 미리 해두는 습관이 생겼다. 물건들을 비슷한 종류끼리 분류하고 필요 없는 물건을 식별하고 버린 경험은 중요한 일과 중요하지 않은 일을 구분하는 데 도움이 되었다. 바구니나 수납함 등 정리에 필요한 도구들을 사용하는 습관은 업무 스킬을 올리는 앱이나 툴을 적극적으로 사용하는 형태로 확장되었다.

집을 정리한 후 민규 씨는 점점 더 자주 자신의 습관을 돌아보게 되었다. 처음에는 어려웠지만 물건들을 분류하고 정리하는 동시에 취침과 기상 시간도 일정하게 유지해 나갔다. 이러한 변화는 그의 생활에 긍정적인 영향을 미치기 시작했다. 집 안이 깨끗해지니 마음도 평온해지고, 생활 패턴이 정해지니 스트레스도 덜 받게 되었다.

정리를 통해 민규 씨가 얻은 이익은 여러 가지가 있지만 그중에서 가장 큰 것을 하나만 꼽으라면 '시간의 소중함'이었다. 10분 남짓한 시간 동안 쓰지 않는 물건들을 바로 버림으로써 정리에 큰 부담감을 줄였는데, 이 작은 시간이 주는 어마어마한 힘을 느낀 것이다. 예전의 민규 씨에게 5분, 10분은 있어도 그만 없어도 그만인 시간에 불과했다. 자연스럽게 자투리 시간은 의미 없이 흘러갔다. 그러나 10분의 힘을 경험한 이후 시간을 더욱 알뜰하게 쓰게 되었다. 겨우 지각을 면할 정도로 아슬아슬하게 회사에 도착하던 버릇도 고쳐졌다. 10분만 여유 있게 도착해도 하루의 시작이 달라진다는 것을 깨달았기 때문이다. 이런 점은 돈에 대한 개념도 바꾸었다. 필요하지도 않은 곳에 2, 3만 원을 생각 없이 쓰면서 1억 모으기를 막연하게 바랐다는 것을 알게 되었다. 푼돈이라고 대수롭지 않게 생각하던 돈이 소중하게 여겨지자 제일 먼저 한 일은 휴대폰에서 쇼핑 앱을 지우는 것이었다. 매일 현관 앞에 택배 상자가 쌓이는 일도 없어졌다.

어지러움 그 자체였던 그의 집은 이제 정돈된 공간이 되었다. 깔끔하게 정리된 옷장, 말끔하게 치워진 식탁이 그를 편안하게 했다. 그의 내면 또한 달라졌다. 미루기를 반복하던 습관을 버리자 불안이 줄어들면서 마음이 점차 평온해진 것이다. 그는 이제 '예전만큼' 어지르지 않는다고 했다. 정돈된 공간은 그에게 어지러운 과거와 작별하고 새로운 시작을 느낄 수 있게 해주었다. 더 많이 자신을 사랑하고, 소중히 여기며, 평화로운 삶을 살아가게 된 것이다.

# 05

# 집 대신 공간을 넓혀라

## 공간에 대한 감각을 키우자

호텔이나 모델하우스에 가면 기분이 좋은 이유는 뭘까? 멋진 인테리어나 아기자기한 소품 때문일 수도 있지만, 밖에 나와 있는 물건이 눈에 띄게 적어서인 듯하다. 적재적소에 기능적이고 필요한 물건이 놓여 있을 뿐, 물건들이 공간을 점령하고 있지 않다. '간결함'이 주는 미학이라고나 할까. 마찬가지로 정리가 잘 되어 있는 집들은 물건의 양이 적절하다. 공간이 감당하지 못할 만큼 물건을 쟁이고 살면서 정리를 못한다고 생각하는 것은 정리에 대한 기본적인 이해가 부족하기 때문이다. 집이 100평쯤 된다 한들 수십 톤의 물건을 들여야 한다면 10평도 안 되는 집인 듯 좁고 불편할 것이다.

정리를 잘한다는 것은, 물건을 예쁘게 나열하는 게 아니라 물건이 제대로 자리 잡을 공간을 확보한다는 의미이다. 그러기 위해서는 내가 살고 있는 공간이 어느 정도의 물건을 소화할 수 있는지 신중하게 검토해야 한다. 4인 가구가 사는 30평대 아파트를 가보면 백이면 백 짐이 어마어마하게 많다. 다 필요한 물건들이니 쌓아두고 사는 것도 이해가 된다. 쾌적하게 살고 싶은데 물건은 많으니 수납에 집중하는 트렌드가 생겼고, 그것이 마치 정리의 전부인 것처럼 알려진 측면도 있다.

그러나 수납을 잘하는 것은 차곡차곡 쌓는 게 아니다. 보기엔 좋아도 쓰기에 불편하면 제대로 된 수납이라고 하기 어렵다. 얼마 되지 않아 질서를 잃고 금세 흐트러지기 때문이다. 바쁜 아침에 옷장에 개어둔 셔츠 한 장을 꺼내다가 와르르 옷더미가 무너진 경험이 한두 번쯤 있을 것이다. 좁은 공간에 들어선 아파트처럼 위로만 쌓아둬서 생기는 문제이다. 고층 아파트는 무너지지 않지만(무너지면 큰일이다), 위로 쌓아둔 옷은 균형을 잃으면 반드시 무너지게 되어 있다. 기껏 정리를 해둔 보람도 없이 말이다. 옷 한 벌이 들어가야 할 공간에 열 벌, 스무 벌을 놓아둔 것은 임시방편일 뿐이지 시스템을 만드는 정리라고 보긴 어렵다. 여유 공간을 확보하고 꺼낼 때도 넣을 때도 다른 물건들에 영향을 미치지 않게 편하게 쓸 수 있는 것, 다른 물건이 그 공간을 차지하지 않는 것, 한 번 정해진 공간을 오래 유지하는 것. 이 모든 것이 시스템을 만드는 일에 해당하는 것이다.

따라서 집에 어떤 물건을 들일 때는 반려동물을 데려오는 마음으로 신중하게 생각해야 한다. 특히 비싼 물건을 애물단지로 전락시키지 않으려면 "정말 이것 없이는 살 수 없는가?"를 여러 번 묻고 결정하길 권한다. 좁은 공간에 들여놓자니 크기든 성능이든 가격이든 고민을 해야 하는데, 마음에 드는 물건을 사기보다 타협하는 경우가 생긴다. 오래 두고 쓸 물건이 아니어서 기껏 사놓고 구석에 처박아두는 경우도 생긴다. 1년에 한두 번 쓰는 물건들도 의외로 많다. 중고거래도 귀찮고 버리기는 아깝다. 돈으로 환산하면 비교도 안 될 정도로 비싼 공간에 싸구려 물건을 모셔놓는 것이다. 그리고 집이 좁다고, 이사만 생각한다.

이사를 가면 좁은 공간이 해결될까? 넓어진 공간에 맞춰 새 물건을 또 들인다. 공간을 채우지 않으면 허전한 마음이 든다는 분도 있었다. 결국 자신에게 '적절하고 쾌적한' 공간감각을 발전시키지 못하면, 짐과 함께 살아가는 것이 익숙하고 편하게 느껴진다. 급기야 물건이 공간을 점령하면 집이 좁아졌다며 다른 집으로 이사 가기를 꿈꾼다. 그리고 평생 이런 패턴이 반복된다. 문제는 집도 아니고, 물건도 아니다. 공간에 대한 잘못된 나의 감각과 생각으로 인해 벌어지는 일인 것이다.

## 정리는 나에게 투자하는 일

"쾌적하고 넓은 공간에서 살고 싶다."

많은 사람들이 이런 소망을 품고 살아간다. 더 좋은 집, 더 넓은 집으로 이사를 가려고 열심히 일하고 저축한다. 넓게 살기 위해 평수가 큰 집으로 이사를 하는 것도 한 가지 방법이겠지만 넓은 집으로 이사하는 것만이 공간을 넓게 쓸 수 있는 유일한 방법은 아니다. 지금 살고 있는 집도 마음먹기에 따라 얼마든지 넓게 살 수 있다.

"지금 사는 집에서 넓게 산다니, 어떻게 그런 일이 가능하죠? 식구는 많고 짐은 자꾸 늘어나요. 지금도 좁아터져서 발 디딜 틈도 없다고요!"

한 가지 사건도 어떤 관점으로 보느냐에 따라 전혀 다른 일이 되는 것처럼, 같은 공간도 어떻게 쓰느냐에 따라 완전히 다른 공간이 된다. 결국 공간은 그곳에 살고 있는 사람의 것이고, 쓰는 사람의 손길과 의지에 따라 달라지기 때문이다.

좁은 공간을 넓게 쓰는 기적의 마법은 단연코 '정리'이다. 지금 당장 일어나 집 안을 둘러보자. 산 정상에 서서 사방팔방 내려보듯 집 안의 모든 공간을 삼차원의 시각으로 바라보는 것이다. 내가 투명한 존재가 되어 집 위에서 집 안을 들여다본다고 상상해 보자. 우리 집은 자유롭게 숨을 쉬고 있는가? 아니면 물건으로 가득 차서 숨도 못 쉴 지경인가?

갖고 있는 물건을 최소로 줄이고 사는 '미니멀리스트'가 되라는 말이 아니다. 무조건 갖다버리는 것이 해결책도 아니다. 불필요한 물건을 줄이고, 깨끗하게 정돈하는 것만으로도 공간이 넓어진다. 공간을 넓히는 일은 마음을 넓히는 일이기도 하다. 정리가 된 공간에 있어본 사람은 알 것이다. 필요한 것이 모두 갖춰져 있고, 언제든 편리하게 꺼내 쓸 수 있으며, 물건 때문에 스트레스도 덜 받는다. 마음의 평수가 넓어지는 것이다. 그래서인지 집을 정리하고 마음이 넓어졌다는 이야기를 많이 듣는다. 이보다 더 확실한 자기 투자가 또 있을까?

경일 씨도 그런 경험을 한 사람이었다. 경일 씨는 동생과 함께 살면서부터 어려움을 겪고 있었다. 혼자 살 때는 충분히 넓은 집이었지만 두 사람이 살게 되면서부터 전쟁이었다. 깔끔한 자신과 달리 정리에 크게 관심이 없는 동생과 함께 한 공간에 있다는 것이 언제부터인가 스트레스로 다가왔다. 집은 막 이사를 한 집처럼 어수선했고, 동생이 주문한 택배 상자들은 뜯지도 않은 채 거실에 쌓여 있었다. 자연스레 동생에게 잔소리를 하는 일이 늘어났고, 1년 뒤 동생은 자신이 집을 나가겠다고 선언했다. 그런데 자신만의 취향으로 집을 꾸미고 싶었던 동생은 경일 씨와 함께 쓰기 위해 구입했던 물건들을 대부분 남겨두고 나갔다.

"원하든 원하지 않든 남겨진 물건들을 떠안고 살아야 하는 일은 또 다른 스트레스였어요."

그는 혼자 지내던 때의 공간으로 되돌리자고 마음먹고 물건을 정리하려고 했지만, 그동안 쓰면서 익숙해진 물건을 정리하는 일은 생각만큼 쉽지 않았다. 가뜩이나 좁은 주방이 물건으로 터지기 일보 직전이었다. 예전에는 프라이팬 하나, 냄비 두 개로 거의 모든 요리를 했지만, 지금은 에어프라이기, 커피메이커, 전기밥솥에 프라이팬은 크기별로 다섯 개나 있었다. 동생이 쓰던 작은 방은 운동기구들로 꽉 차 있었다. 자신의 방도 이미 침대와 책상 등 몇 년 새 늘어난 물건으로 발 디딜 틈이 없었다. 넉넉하던 공간이 비좁게 느껴졌다. 더 넓은 공간으로 이사를 가려고 부지런히 알아봤지만, 적금을 깨도 턱없이 부족했다. 그렇다고 부모님께 손을 벌릴 수도 없었다. 동생의 독립자금이 어디에서 나왔는지 뻔했던 것이다. 괜스레 동생에게 화가 났다. 그러나 이제 와서 애꿎은 동생을 탓한들 집이 넓어질 리도 없었다.

경일 씨는 마음을 바꿔 제대로 된 방식으로 정리를 해보기로 결정했다. 집 정리에 대한 관점을 바꾼 덕분이었다.

"한창 투자 공부를 하고 있을 때였어요. 제가 좋아하는 투자자들이 공통으로 하는 조언이 있었는데, 자신에게 투자하라는 말이었어요. 내가 살 공간을 정리하는 것도 나에 대한 투자일 거란 생각을 하니까 정리가 주는 효능성이 많이 보이더라고요."

경일 씨의 말에 나 또한 깊이 공감했다. 정리가 투자라는 말이 의아할 수도 있다. 하지만 정리가 주는 이점을 생각하면 이만한 투자도 없다. 공간을 넓게 쓸 수 있어서 여유를 느끼는 것은 물론 필요한 물건을 제때 찾을 수 있으니 시간도 절약된다. 집안일 때문에 스트레스를 받는 일도 줄어서 자신이 좋아하는 일에 좀 더 집중할 수도 있다. 깔끔하게 정리된 집에서 사는 것만으로도 내가 삶을 잘 가꾸고 있다는 만족감이 높아져 자존감도 상승된다.

가족이 많은 집도 정리가 필요하겠지만, 1인가구라고 정리가 필요하지 않은 것은 아니다. 오히려 1인가구일 때 정리 습관을 들이면, 결혼 후 가족이 늘어도 어떤 식으로 공간을 유지해야 할지 기준이 생긴다.

"집 정리를 마치고 오랜만에 친구들을 초대했어요. 이렇게 좋은 집에서 살고 있었냐고, 예전과 완전히 다른 집 같다며 다들 깜짝 놀라더라고요. 저도 오랫동안 정들며 살아온 이곳을 떠나지 않고 새로운 마음으로 살게 되어서 정말 다행이라고 생각해요. 하마터면 정말 좋은 집을 버리고 갈 뻔했어요. 지금은 동생과의 사이도 좋아졌어요. 제 마음도 넓어진 것 같아요."

경일 씨는 집을 정리한 후 더욱 활기차게 살아가기 시작했다. 매일 아침, 정돈된 공간에서 아로마 향기를 품으며 하루를 시작하는 것이 즐거워졌다. 불필요한 물건들로 인해 부담이 가득했던 마음도 집 안이 깔끔해지며 다시 평온을 되찾았다. 정리가 그에게 선사한 특별한 선물이었다.

미국의 집 정리 전문가 조슈아 베커는 "갖고 있는 물건을 최소화하여 더욱 자유로운 삶을 살아가라"고 말했다. 단순함을 통해 공간을 넓게 활용하고 소비와 소유에 집착하기보다 경험과 가치를 찾는 삶을 추구하라는 의미일 것이다. 공간의 넓이는 물리적 문제이기도 하지만 마음의 문제이기도 하다. 지금 살고 있는 집이 너무 좁다고 느껴진다면, 공간을 어떻게 쓰고 있는지 스스로에게 되묻자.

## 정리의 경제적 효과

나는 자신이 살고 있는 집의 공간을 정리하고 활용하는 일은 심리적인 이유뿐만 아니라 경제적으로도 이익이 되는 일이라고 생각한다. 큰 집에서 정리가 안 된 채 사는 것보다 작은 집이라도 살뜰하게 정리가 된 집에서 사는 게 만족감도 더 크다. 큰 집 타령만 하면서 속을 썩일 게 아니라 내가 살고 있는 집의 공간을 최대한 누려보는 경험부터 하라고 권하고 싶다. 굳이 시간과 돈을 들여서 정리를 해야 하냐고 반문하는 사람들도 있지만 계산기를 들고 따져봐도 장기적으로는 이익이다.

공간을 정리함으로써 생기는 이익은 한두 가지가 아니다. 하나씩 생각해 보면 엄청나게 비용 절감이 되기 때문이다. 우선 당장 이사 비용이 들지 않는다. 4인가구의 이사비가 평균 200만 원 정도라고 보면, 정리를 하는 것만으로도 이 돈이 절약되는 셈이다. 게다가 불필요한 물건을 구입하지 않고 기존에 가지고 있던 물건들을 효율적으로 활용하게 되어 생활비 자체가 눈에 띌 정도로 크게 줄어든다. 물건마다 정해진 공간이 있으니 수납용품을 새로 살 이유도 없어진다. 물건의 재고 파악이 쉬워져 같은 물건을 몇 개씩 사는 일도 없다. 의류는 물론 가전제품이나 가구도 깨끗하게 관리해서 쓰기 때문에 수리나 교체 비용도 줄어든다. 궁극적으로 소비 패턴이 개선되어 질적인 변화를 맞게 된다. 양적으로 쌓아두는 방식이 아니라 좋은 물건을 마음껏 누리는 생활을 하는 것이다.

정리된 환경은 불필요한 물건으로 인한 혼란을 줄이고 공간에 대한 만족감을 늘린다. 심리적, 금전적 스트레스를 덜 받는 것은 물론 가족 구성원들과의 관계도 친밀해진다. 우리가 집에 불만을 가질 때 흔히 하는 말이 "이놈의 집구석!"이다. 이런 말을 달고 사는 사람이 삶의 만족도가 높다고 할 수 있을까? 집의 입장에서 생각해도 억울한 말일 것 같다. 집은 문제가 없다. 그 집에서 사는 사람들이 제대로 쓰지 못하는 것뿐이다.

그런 의미에서 정리는 현실에 대한 책임감의 표현이다. 집을 깨끗하게 정리하는 것은 우리가 현실적인 삶에 책임을 다하는 것과 다름없다. 불필요한 물건들을 제거하고 정리함으로써 물질적인 부담을 줄이고 현재를 충실히 살아가게 되는 것이다. 정리를 하다 보면 물건을 소유하는 일에 대해서도 생각이 달라진다. 소유의 기쁨과 만족은 물건의 양이나 가치에만 의존하는 것이 아니라, 자신이 소유한 물건들을 어떻게 삶과 연결하고 사용하는지에 따라 달라진다는 것을 깨닫기 때문이다. 이 모든 것을 포함해서 집을 정리하면 긍정적인 감정이 든다. 자신이 좀 더 나은 사람이 된 것처럼 여겨질 때도 있다. 정리하는 과정을 통해 수많은 결정을 하고, 선택하고, 시스템을 만들며 주체적인 활동을 하는 일 자체가 자존감을 높이기 때문일 것이다.

정리는 삶에 대한 가치와 우선순위를 반영한다. 집을 정리하고 꾸미는 과정에서 자신의 가치관과 우선순위가 무엇인지를 생각하고 심사숙고하게 된다. 이를 통해 자신에 대한 인식을 더욱 명확하게 하고 우리의 삶을 의미 있는 방향으로 이끌게 된다. 공간을 되살리는 일은 우리가 우리 자신과 조화를 이루고, 삶을 더욱 평온하게 살아가는 법을 배우는 것과 같다.

깨끗하고 정돈된 공간은 감사와 만족의 마음을 키운다. 정리된 공간은 물건들에 대한 감사의 마음을 불러일으키며, 우리가 이미 가지고 있는 것들에 만족하게 만들어준다. 더불어 정리된 집에서는 우리의 소중한 추억과 경험들을 더욱 선명하게 느낄 수 있다. 잘 정리된 집은 공간마다 제 역할을 충실히 하며 생생하게 살아 있다는 느낌을 받는다. 우리가 만족스러운 공간에서 살아갈 때 자신감이 높아지고 마음의 평화를 누리는 것도 이런 이유에서가 아닐까.

집을 정리하고 꾸미는 과정에서 자신의 가치관을 떠올리게 된다

# 4부

# 사람은 공간을 만들고,
# 공간은 사람을 만든다

# 01

# 공간의 철학을 말하다

## 공간이라는 무한한 세계

우리가 살아가는 이 세상은 무한한 공간으로 가득 차 있다. 끝없이 펼쳐진 우주, 드넓은 대지, 인간이 만들어낸 거대한 도시와 작은 방 한구석까지, 모든 것은 공간의 일부분이다. 공간은 우리의 탐험과 발견의 여정을 위한 무한한 기회를 제공한다.

우주는 그 자체로 끝없는 신비로움을 감추고 있다. 천체와 은하의 움직임은 수천 년 동안 인간의 호기심을 자극했다. 우주 탐험은 우리의 시야를 더욱 넓히고, 우리가 살고 있는 지구라는 작은 행성의 한계를 깨우친다. 먼 우주에서 바라보는 지구는 한낱 작은 점처럼 보인다. 광대한 우주 공간은 경외심과 겸손을 동시에 불러일으키며 무한한 호기심을 자극하고 탐구의 문을 열어준다.

대지의 넓은 평야와 압도하는 산악지형은 우리에게 자연의 웅대한 아름다움을 선사한다. 자연은 우리에게 현실적인 면과 동시에 정적인 아름다움을 보여준다. 바람이 부는 소리, 강물이 흐르는 소리, 새들의 노래는 모두 우리의 귀를 사로잡는다. 이러한 자연의 소리와 모습은 우리에게 고요함과 평화를 선사하며, 내면을 탐구하고 정화시키는 기회를 제공한다.

도시는 인간의 놀라운 창조물이다. 건물과 도로, 사람들의 움직임이 공간을 형성한다. 도시는 문화와 역사, 현대성과 전통이 만나는 장소이다. 공간은 도시의 거리와 건물에 의해 형성되고, 사람들의 활동과 교류가 그 공간을 채우며 생동감을 불어넣는다. 도시의 공간은 다양성과 창의성을 품고 있으며, 문화와 예술이 번영하는 곳이다.

이렇듯 공간은 무한한 가능성을 안고 있는 보물 상자이다. 그 안에는 탐험과 발견의 여정, 창조와 표현의 기회, 안정과 평온의 순간이 숨겨져 있다. 우리는 공간을 탐험하며 우주의 신비를 해독하고, 자연의 아름다움을 느끼며, 도시의 다양성을 감상한다. 우리의 소중한 순간들은 모두 공간 안에 감춰져 있으며, 우리는 그 안에서 삶의 의미와 목적을 발견한다.

공간은 모든 시간, 모든 상황에서 중요한 역할을 담당한다. 특히 우리의 감정과 정서에 커다란 영향을 미친다. 쾌적하게 정돈

공간은 무한한 가능성을 품은 보물 상자와 같다

된 밝은 공간은 긍정적인 감정을 자극하지만 물건들로 어지럽혀져 있으며 빛이 들어오지 않는 어두운 공간은 부정적인 감정을 불러일으킨다. 어떤 장소는 편안함과 평온함을 주고, 또 다른 장소는 원망과 불안을 불러일으킨다. 슬픔에 빠진 사람은 위로의 공간을 찾고, 기쁨을 나누고 싶은 사람은 활력이 넘치는 공간을 찾는다. 실제로 심리학자들은 안정감이 공간과 밀접한 연관성을 갖는다고 말한다. 편안하고 안전한 공간은 스트레스를 줄이고 행복하다는 느낌을 준다는 것이다. 휴가를 보낼 때 안락한 공간부터 찾는 것도 좋은 공간에는 치유의 힘이 있기 때문일 것이다.

공간은 자신이 하는 일에 영향을 미치는 특별한 장소이다. 집이라는 공간은 가족의 취향과 가치관을 반영하며, 따뜻한 휴식처로써의 역할을 한다. 사무실이라는 공간은 그곳에서 일하는 사람들의 창의성과 아이디어에 영향력을 미친다. 휴식 공간, 식사 공간, 놀이 공간 등 일상을 벗어나기 위해 찾은 공간은 창조적인 열매를 품기 위한 비옥한 토양처럼 작용하며, 새로운 아이디어와 혁신적인 생각이 솟아나게 한다. 아티스트, 작가, 디자이너 등은 집이나 집무실을 벗어나 제3의 공간에서 창작의 활기를 얻는다.

역사적으로 유명한 인물들 역시 공간의 중요성을 인지하고 있었으며, 자신들만의 공간을 특별히 소중하게 여겼다. 베토벤은 창작을 위해 차분하고 조용한 공간을 선호했고, 피카소는 아늑하고 창의적으로 꾸며진 공간에서 그림을 그렸다. 아인슈타인은 작은 사무실에서 아이디어가 펼쳐지지 않아 넓은 공간으로 이사한 뒤, 상상력을 자유롭게 발휘하여 기발한 물리학적 발견을 이루어냈다. 공간은 위대한 이들의 업적과 예술성에도 영향을 미치는 중요한 요소였던 셈이다.

또한 공간은 소통과 연결의 장으로 작용한다. 가족과 친구, 동료들과 함께하는 공간은 서로 유대감을 형성하고 교류할 수 있는 기회를 제공한다. 우리는 특정한 공간에서 특별한 순간들을 경험하며, 그곳은 기억 속에 각인된다. 특별한 이벤트나 중요한 결정을 할 때 평소와 다른 공간을 찾듯 공간은 삶의 다양한 단면을 담을 수 있는 캔버스와 같은 역할을 한다.

하지만 공간은 단순히 물리적인 범위로 제한되지 않는다. 우리가 살아가는 도시의 거리, 방문하는 박물관의 전시실, 인터넷의 가상공간 모두 공간의 다양한 차원을 보여준다. 우리가 인식하는 공간은 실재할 수도, 상상할 수도, 혹은 기록될 수도 있다. 공간은 우리가 살아가는 세계의 모든 면을 포괄하며, 우리의 경험을 풍요롭게 만든다.

또한 공간은 자신과 외부 세계의 연결고리이다. 우리는 지구상의 한 지점에서 다른 지점으로 자유롭게 이동한다. 공간은 문화와 경험을 공유하며 서로를 이해하게 해준다. 지리적인 경계와 언어의 장벽을 뛰어넘어 다양한 문화와 인류의 다양성을 이해할 수 있는 기회를 제공하는 것이다. 우리는 공간을 탐험하고 창조하며, 공간은 우리를 다시 탐험하도록 유도한다. 우리의 삶은 공간과 뒤얽혀 있으며, 우리의 행동과 감정은 우리가 있는 그 공간에 반영된다. 공간은 끊임없이 변화하며 우리를 끌어들이고, 우리는 공간을 통해 끊임없이 세계와 우리 자신을 발견하고 탐구하는 여정을 함께하는 것이다.


## 무한한 이야기가 살아 숨 쉬는 곳

우리는 태어나면서부터 공간이라는 무한한 세계 속에서 살아간다. 상상의 공간에서 미래의 자신을 만나고, 추억의 공간에서 그리운 사람과 재회한다. 밤하늘의 달과 별을 바라보며 우주 공간을 느낀다. 우리의 눈은 지평선을 바라보며 끝없이 펼쳐진 넓은 공간을 감지하고, 무한한 욕망과 상상력을 자유롭게 펼친다. 마이크로 단위의 작은 공간에서부터 우주 공간에 이르기까지 다양한 공간에서 시간을 보내고 경험을 쌓으며 자신의 소망과 꿈을 실현하기 위해 공간의 무한한 가능성을 탐구한다. 그렇기에 집 정리는 인생에 한 번만 하는 것이 아니라 인생 주기에 따라 필요한 것이며, 그때그때 솔루션도 달라질 수밖에 없다.

특히 '집'은 삶의 기초를 형성한다고 해도 과언이 아닐 만큼 중요한 공간으로 자리 잡았다. 그러나 집 자체보다 더욱 깊은 의미를 지닌 것은 집이 '공간'이라는 사실이다. 집을 세속적인 가치로만 보면 가격과 입지, 평수 등의 숫자로 환원되지만 공간이라는 상상력의 관점으로 보면 단순히 벽과 천장으로 둘러싸인 물리적인 영역을 넘어 현재를 공유하고 일상을 나누고 감정을 경험하는 곳으로 확장된다. 어떤 공간은 창의성을 형성하고 영감을 불러일으키며 관계를 맺고 푼다. 집이 공간을 품고 있는 것은 마치 신체 속에 영혼이 깃들어 있는 것과 같다.

상상력을 발휘해 집을 공간이라는 개념으로 생각하며 살아가면 삶에 대해 더 깊은 의미와 인사이트를 얻을 수 있다. 집을 단순한 벽과 천장의 집합체가 아니라 무한한 이야기와 감정이 간직되어 있는 장소로 생각해 보자. 일상을 뛰어넘어 새로운 가능성을 보여주는 곳으로 거듭날 것이다.

매일 들어오고 나가는 현관문은 새로운 시작을 알리는 문턱이다. 그곳을 넘어서면, 삶이라는 미지의 범위를 탐험할 수 있는 공간의 문이 열린다. 방마다 열리는 문은 다양한 감정과 경험의 시작을 의미할 수도 있다. 모든 방은 각각의 챕터처럼 삶의 이야기를 풀어내기 위한 공간으로 이어져 있다. 거실은 사람들과 함께하는 만남의 장소이다. 함께 웃고, 이야기를 나누며 삶의 소소한 순간들을 공유할 때마다 마음이 따뜻해진다. 각자의 공간에 있던 사람들이 거실이라는 한 장소에 모이는 모습은 지류로 흐르던 강물이 바다로 모이는 것과 같다. 침실은 꿈과 휴식을 찾아가며 마음을 안정시키는 나만의 작은 세계이다. 고요히 눈을 감고 누워 마음을 쓰다듬어 주는 부드러운 손길을 느끼며 꿈의 세계로 자연스럽게 들어간다. 화장실은 자아를 정화시키는 공간이다. 물살을 맞으며 불필요한 것들을 씻어내듯, 과거의 부담과 걱정을 깨끗하게 덜어낸다.

현실적으로도 집을 공간으로 바라보는 일은 삶에 대한 시야를 확장시키고 주체성을 강화한다. 전 세계적으로 부자들이 높은 층을 선호하는 것도 넓은 시야를 확보하기 위해서이다. 내가 머무는 공간뿐만 아니라 그곳에서 바라보는 공간까지 고려하는 것이다. 공간을 고려하면서 살아가는 것은 의미 있는 선택을 내리고 의도적인 삶을 살아가는 첫걸음이다. 우리가 주변의 환경과 공간을 고려하면서 어떤 모습으로 살고 싶은지 고민하고 계획하는 것은 우리의 가치와 목표를 더욱 분명히 인식하고 실현하는 데 도움을 준다.

공간 안은 물론 공간이 놓인 공간, 그 공간에서 바라보는 공간까지 고려하면서 살아가면, 물질적인 것뿐만 아니라 정서적인 측면에서도 보다 온전하고 풍요로운 삶을 경험할 수 있다. 공간은 우리 자신과의 연결고리이기 때문이다. 공간에 대한 이해가 깊어질수록 환경에 대한 소중함과 지속 가능한 생활을 고려하게 된다. 우리가 사용하는 자원과 에너지에 대한 의식을 높이고, 환경을 고려한 선택을 통해 지속 가능한 생활을 추구할 수 있다. 이런 의미에서 공간은 성장과 변화에 대한 태도를 반영한다. 우리는 삶의 다양한 단계를 반영하며 공간을 변화시키고 적응시키는 과정을 통해 더 유연하게 성장하고 발전할 수 있다.

　사람은 공간을 통해 확장되고 연결되며, 공간은 사람을 통해 그
곳만의 의미를 갖는다. 공간은 어떤 의미에서는 삶의 배경이지만,
우리는 그 공간을 통해 더 높은 의미를 찾고 발견하는 것이다. 우
리가 아름답거나 장엄하거나 고요한 공간에 머물 때 공간의 깊이
는 내면에 스며들어 우리 자신을 이해하고 발전시키는 도구가 된
다. 이렇듯 공간과 사람은 서로 떨어져서 생각할 수 없는 관계에
있다. 우리가 만드는 공간은 우리를 형성하고, 우리가 머무는 공간
은 우리의 감정과 행동을 형성한다. 내가 머무는 공간을 자주 정리
하는 습관을 만들어보자. 좋은 공간과 함께 어우러질 때 삶이 더
풍요롭고 가치 있어진다는 것을 매일매일 체험할 것이다.

　집은 정해져 있지만 공간은 창조할 수 있다. 비좁고 혼란스럽고
더러운 집도 어떤 공간으로 만들고 싶으냐에 따라 완전히 다른 곳
이 된다. 아파트냐 빌라냐 오피스텔이냐가 중요한 게 아니라 '내가
어떤 공간에 머물고 싶은가'를 생각하는 게 중요한 것이다. 공간을
생각하면서 살아가는 것은 의미 있는 선택과 의도적인 삶을 추구
하고, 자아 표현과 창의성을 발휘하며, 온전하고 풍요로운 삶을 경
험하는 동시에 환경을 존중하는 지속 가능한 생활을 실현하며, 성
장과 변화를 수용하는 의미 있는 방식이기 때문이다. 집에 짓눌리
면 집이 나를 제한하지만, 내가 공간을 만들면 그때부터 공간은 세
상에 둘도 없는 최고의 서포터가 될 것이다.

## 02

# 나누면 비로소 보이는 것들

## 공간 분리가 필요한 이유

우리는 각자 자신의 인생을 살아간다. 한 아이가 태어나서 청소
년기를 거쳐 어른이 되는 과정은 독립을 향해 가는 일이기도 하다.
전적으로 타인에게 의존해야 생존할 수 있는 아기가 두 발로 서고
언어를 배우고 친구를 사귀고 일을 하며 자기 삶을 책임지는 것이
때로는 신기하게 여겨진다. 동물들도 본능적으로 자신의 영역을
지키려고 하는 것처럼, 인간 역시 독립적인 공간을 필요로 한다.
경제적으로, 신체적으로, 심리적으로 부모로부터 독립을 하려는
사람들이 처음 하고자 하는 일도 '나만의 공간'을 만드는 일이다.

한 집에서 부대끼며 살아갈수록 자신만의 영역은 중요하다. 건

강한 관계를 위해 심리적 거리감을 유지하라는 이야기를 하는데, 이를 위해서라도 공간을 분리하는 일은 꼭 필요하다. 아무리 사랑하는 사이라고 해도 24시간 떨어지지 않고 지내면 불편함이 느껴진다. 상대가 싫어서가 아니라 인간이라면 누구나 혼자만의 시간과 공간이 필요하기 때문이다. 자녀를 키우는 부부라면 적절한 나이에 공간을 분리해야 한다는 사실을 잊지 말아야 한다. 아이들은 부모로부터 독립해서 자신의 공간에서 상상력을 키우고 주체성을 확립해 나간다. 부모에게 의존하는 습관을 줄이고 스스로 하는 영역을 넓히는 데도 도움이 된다.

공간 분리는 심리적 독립에도 도움이 되지만 일의 효율성을 높이는 데도 좋다. 집 안에서 직장 업무를 처리하면서도 가족과 함께 시간을 보내야 하는 등 서로 다른 역할들을 수행하는 것은 스트레스를 유발하고 마음의 안정을 떨어뜨릴 수 있다. 그러나 공간을 분리하면 각각의 역할에 집중하는 데 도움이 된다. 코로나19로 재택근무를 경험해 본 직장인이라면 공간 분리의 필요성을 절실히 느낄 것이다. 식탁이나 거실 한쪽에 간이 책상을 두고 일하는 것처럼 분리되지 않은 공간에서 업무를 할 경우 집중하기 힘들뿐더러 일하는 중간 청소기를 돌린다든가, 설거지를 하는 등 집안일의 유혹에 빠지기 쉽다. 업무와 가정생활이라는 서로 다른 영역의 일이 한 공간에서 충돌하면서 생기는 문제이다. 만약 집에서 일을 해야 한다면 서재를 마련하길 권하지만, 마땅한 단독 공간이 없다면 집 안의 일정한 장소를 작업 공간으로 활용해 보자. 거주지가 원룸이더라도 일상생활을 하는 구역과 일하는 구역을 나누는 것이 좋다. 집에서 일하다가 카페나 도서관 등 밖으로 나가는 것도 공간을 따로 구분하는 일이다. 생활과 업무 공간을 분리하면 집중력이 높아진다. 휴식하는 공간에서 충분히 스트레스를 풀며 안정을 찾을 수도 있다. 그렇다면 효과적으로 공간을 분리할 때 기준이 되는 몇 가지를 알아보자.

우선 첫 번째는 '기능적 공간 분리Functional Zoning'이다. 공간을 사용 목적에 따라 나누는 방식으로 공동 생활공간, 침실, 주방, 작업실, 서재 등으로 구분하여 각각의 공간에서 특정한 활동을 하도록 돕는 것이다. 이렇게 하면 서로의 간섭을 최소화하고 각 공간에서 독립된 시간을 보내며 안정을 유지할 수 있다.

두 번째는 '심리적 경계 설정Psychological Boundaries'이다. 각 공간 사이에 물리적 또는 시각적 경계를 설정하여 심리적인 구분을 만든다. 이를 통해 각 공간이 서로 영향을 주지 않고 독립적으로 느껴지게 할 수 있다. 가구 배치, 커튼, 디자인 요소 등을 활용하여 경계를 형성할 수 있다.

세 번째는 '소음 및 간섭 제어Noise and Disturbance Control'이다. 소음이나 간섭을 최소화하여 각 활동을 집중적으로 수행할 수 있는 환경을 조성한다. 공간이 너무 가까이 붙어 있어 구조를 바꾸기 어렵다면 소음을 흡수하는 재료를 활용해 보자.

네 번째는 '개인 공간 조성Personal Retreat'이다. 휴식과 재충전을 위한 개인 공간으로는 침실, 서재 등이 있으며, 이곳에는 개인의 취향을 반영하는 디자인으로 꾸미되 실용적이면서 편안한 가구를 배치하는 것이 좋다.

다섯 번째는 '창문과 조명 활용Window and Lighting Utilization'이다. 자연 채광을 활용하고 조명을 적절히 조절하여 공간 분리 효과를 거둘 수 있을 뿐만 아니라 안정감을 강화할 수 있다. 밝기와 색, 온도를 조절하여 각 활동에 적합한 분위기를 조성해 보자.

여섯 번째는 '개인화된 인테리어Personalized Interior'이다. 특히 따로 방을 쓰기 시작한 자녀의 방에 부모가 자신의 취향을 강요하며 지나치게 간섭하는 것은 좋지 않다. 아이가 원하는 스타일에 맞게 꾸미며 개성을 표현하도록 하자. 취향을 반영하는 소품이나 아트워크 등을 활용하면서 공간에 대한 감각을 키워나갈 수 있다.

일곱 번째는 '정리와 수납 체계Organization and Storage System'이다. 공간에 필요한 물품들을 정리하고 효율적으로 보관할 수 있는 수납공간을 마련한다. 정리된 공간은 마음의 안정을 유지하는 데 도움이 된다. 필요와 취향에 맞게 다양한 아이디어를 적용해 보자.

수지(가명) 씨와 민섭(가명) 씨 부부는 13세 아들과 10세 딸을 키우고 있었다. 방 세 개 중에서 가장 큰 방은 부부와 딸이 같이 쓰고 있었고, 두 번째 방은 아들이 썼으며, 나머지 방 하나는 서재 겸 공부방이었다. 수지 씨는 직장을 그만두고 프리랜서로 재택 근무를 할 예정이었기에 작업실이 필요한 상황이었고 민섭 씨는 집에서 운동을 할 수 있는 공간을 원했다. 딸의 방도 필요했다. 가족 구성원의 욕구와 필요에 따라 어떻게 공간을 분리하고 각각의 공간에 목적을 부여할 것인지 논의한 끝에 해결 방법을 찾았다.

가장 중요한 것은 재택 근무를 하는 수지 씨를 위한 작업 공간을 만드는 일이었다. 집 안에서 업무를 할 경우, 작업 공간을 확실히 분리하는 것이 중요하다. 작업을 하는 동안 생산적이고 집중력 있는 환경을 유지하기 위해 특정한 공간을 할당하고, 그 공간에서만 업무를 수행하는 것이 좋다. 남는 방이 없었기 때문에 작업 공간의 후보 장소는 침실과 거실 두 군데였다. 거실은 채광이 좋고 넓다는 이점이 있었지만 주방과 붙어 있어서 일을 하다가도 집안일이 신경 쓰일 듯했다. 게다가 저녁엔 가족과 함께 거실에서 보내는 시간이 많아서 급하게 일을 해야 할 경우 공간이 분리되지 않는다는 문제가 있었다.

논의 끝에 침실을 분할해서 작업 공간을 만들기로 했다. 침대 반대편 벽을 작업 공간으로 정했다. 노트북으로 주로 작업을 했기에 큰 책상은 필요하지 않았다. 벽에 붙이는 형태의 접이식 책상을 쓰기로 하고 침대와 책상 사이에는 낮은 장식장을 놓았다. 책, 문구류, 서류 등을 정리하고 보관하는 동시에 공간을 분리하는 역할도 해 일석이조였다. 한 공간을 목적에 따라 나눠 쓸 경우 개인의 취향과 생활 방식에 따라 자유롭게 꾸며도 좋지만 공간 분할만큼은 꼭 하는 게 좋다. 침실에 책상을 두는 것과 침실의 일부분을 작업실로 쓰는 것은 다른 문제이다. 책꽂이, 장식장, 칸막이, 가리개 등을 적절히 이용해 공간을 분리하자.

민섭 씨를 위한 운동 공간은 안방 베란다를 활용했다. 빨래를 건조하거나 안 쓰는 물건들을 쌓아두던 창고 같은 공간이었는데 불필요한 물건을 모두 치우고 바닥에 매트를 깐 후 운동기구를 정돈해 두었다. 솔직히 나는 베란다에 물건을 놓는 것을 권하는 편은 아니다. 시야를 가리기도 하고 환기를 위해 문을 열 때도 불편하다고 여기기 때문이다. 만약 거실 베란다였다면 주저했을지도 모른다. 그러나 안방 베란다는 제법 넓은 공간에 비해 마땅한 쓰임이 없어 죽어 있는 공간에 가까웠기에 운동 공간으로 활용도를 높이는 게 좋을 것 같았다. 침실을 함께 쓰면서도 부부가 원하는 공간이 모두 생겼다는 점에서 만족스러웠다.

서재 겸 공부방이었던 곳은 딸의 방으로 만들었다. 아들의 방은 물건의 배치를 바꿔 수납을 좀 더 편하게 할 수 있도록 정리했다. 아이들 방을 정리할 때 유념해 두면 좋은 부분은 휴식을 취하는 곳과 공부하는 곳을 분리하는 것이다. 좁은 공간이더라도 침대와 책상을 어떻게 배치하느냐에 따라 방 분위기가 달라진다. 중요한 것은 아이들 스스로 '공간을 분리해서 쓴다'는 의식을 갖게 하는 것이다. 침대 옆에 러그를 깔아두거나 책상 조명에 신경 쓰는 것만으로도 공간이 섞이는 것을 방지할 수 있다. 책상이나 의자에 옷을

침대 옆에 러그를 까는 것만으로도 공간이 섞이는 것을 방지할 수 있다

마구 걸쳐두지 않는다와 같은 약속을 정하는 것도 도움이 된다.

거실은 가족이 함께 휴식을 취하는 공용 공간이라는 점에서 큰 변화가 없었지만 와인을 즐기는 부부를 위해 거실 한쪽에 작은 테이블과 장식장을 두고 홈 바home bar를 만들었다. 지인들을 초대하는 경우도 종종 있었기에 거실에서 시간을 보내기 더욱 좋을 것 같았다.

공간을 분리할 때 기준은 크게 두 가지이다. 개인 공간과 공동 공간을 구분하는 것이다. 개인 공간은 자신만의 시간을 가질 수 있고, 마음을 편하게 놓을 수 있는 장소이다. 이때, 개인의 공간을 스스로 정리하는 법을 배우면 공간에 대한 애착이 더 커진다. 여러 명의 가족 구성원들과 함께 생활한다면, 집 안 어느 곳에 독서, 사색, 운동, 취미 등을 위한 나만의 공간을 만들 수 있을지 흥미진진하게 찾아보자. 죽어 있거나 숨은 곳을 잘 활용하면 멋진 개인 공간으로 재탄생할 것이다.

공동 공간은 같이 사용하거나 가족이 함께 시간을 보내는 곳이다. 거실, 주방 등이 이에 해당한다. 함께 쓰는 곳이기에 어지럽혀지기 쉬운 곳이기도 하다. 공동 공간을 정리하는 좋은 방법은 구성원들 각자가 담당할 역할을 분담하는 것이다. 서로가 어떤 부분을 맡고 어떤 시간에 정리할 것인지 협의하여 일정을 만들자. 정기적으로 청소를 하고 사용한 물건들은 반드시 제자리로 돌려놓는 습관을 기르는 것이 좋다.

## 집 정리를 하면 좋은 시기

집을 정리하는 것은 단순히 물건을 정돈하는 작업을 넘어서, 삶의 정체성과 인생 주기를 고려한 중요한 활동이다. 집 정리가 개인적인 성장과 변화에 도움이 되려면 생활의 다양한 단계에 맞추어 그때마다 조절되어야 한다. 집 정리를 하면 좋은 시기는 언제일까? '마음이 내킬 때가 적기이다'라는 말도 있지만 마음이 내킬 때를 기다린다면 평생 오지 않을 수도 있다. 수동적으로 기다리기보다 적극적으로 때를 만들어가자. 집 전체를 뒤집지 않아도 된다. 작은 정리부터 시작해 보자.

가장 유용하면서도 쉽게 해볼 수 있는 정리는 '계절별 정리'이다. 계절마다 집을 정리하고 리프레시하는 것은 자연의 변화와 조화를 반영하며, 생활에 새로운 에너지를 주는 좋은 방법이다. 봄에는 물건들을 정리하고 환기시키며 새로운 시작을 준비하고, 여름에는 가볍고 활기찬 분위기를 유지할 수 있도록 한다. 가을에는 불필요한 것들을 줄이며 정돈하고, 겨울에는 따뜻하고 아늑한 분위기로 집을 꾸미며 내면의 평화를 누리자.

두 번째는 '새로운 시작을 위한 정리'이다. 새해가 시작되기 전이나 새로운 일을 앞두고 있을 때 집을 정리하고 목표를 세우면서 마음가짐을 새롭게 한다. 이때는 특히 불필요한 물건들을 과감하게 정리하는 것이 좋다. 새로운 계획을 실행하는 데 집중력이 높아질 것이다.

　세 번째는 '이동을 위한 정리'이다. 집을 옮기거나 장기 여행을 가기 전에 공간과 물건을 정리하는 것은 필수적이다. 불필요한 물건을 줄이고 중요한 물품을 정리하여 새로운 환경에서도 편안하게 생활할 수 있도록 준비한다.

　네 번째는 '삶의 변화에 따른 정리'이다. 인생 주기와 관련하여 집을 정리하는 것은 중요한 전략이다. 결혼과 출산 등으로 새로운 가족 구성원에 변화가 생기거나, 자녀가 자라거나 독립할 때, 직장이나 취업 상황이 바뀔 때마다 집을 재조정하고 적응시키는 것이 필요하다. 이러한 변화는 집을 효과적으로 활용하고 적응시키는 방법을 찾는 기회를 만들어준다.

　다섯 번째는 마음이 복잡하거나 힘들 때 하면 좋은 '내면과 연결하는 정리'이다. 집을 정리하는 일은 우리의 내면과 연결되어 있다. 불필요한 물건을 정리하면 스트레스와 혼란을 줄일 수 있다. 마음도 홀가분해지고 정화되는 기분을 느낄 수 있다. 물건들이 주는 물리적인 부담을 줄이고 공간의 여유를 찾으면 마음이 안정되고 집중력도 높아진다.

　앞서 이야기한 방식을 모두 따를 필요는 없다. 개인의 상황과 선호에 따라 자주 집을 살펴보며 필요한 시기에 실행하는 것이 좋다. 불필요한 물건을 줄이고 새로운 시작을 위한 공간을 만드는 것은 물론 정리하는 과정 자체에서 정신적인 쾌감을 누릴 수 있다. 집을 정리하며 과거의 기억이나 지나온 시간에 대한 감사를 표현해 보자. 미래를 향한 목표와 꿈을 생각하며, 더 나은 환경을 만들기 위한 계획도 세워보자. 정리를 통해 물리적인 환경과 내면의 성장 사이에 조화를 이루게 될 것이다.

## 인생 주기에 따른 집 정리

집 정리를 위한 시기는 각자 처한 환경에 따라 다를 수 있지만, 인생을 하나의 연속적인 시간이라고 보았을 때, 내가 추천하고 싶은 시기는 인생 주기가 변할 때이다. 인생은 변화와 성장의 연속이다. 우리는 태어나 성장하고, 가족을 형성하며 직업을 가지고, 노년을 맞는 등 어린 시절부터 노년까지 다양한 단계를 겪는다. 이러한 삶의 여정은 공간 정리에도 영향을 미치며, 인생 주기에 맞춰 머무는 곳을 어떻게 정리하느냐에 따라 삶의 질과 품격이 크게 달라진다.

'유년기'는 놀이와 탐구의 시기이다. 아이들은 호기심에 가득 차서 세상을 탐험하며 배우고 경험한다. 따라서 집은 창의성을 자극하되 안전한 공간이어야 한다. 장난감과 책, 직접 그린 그림이나 창작물을 보관할 수 있는 공간을 마련하고, 아이들이 쉽게 접근할 수 있도록 배치하자.

'청소년기'는 자아를 형성하고 독립을 추구하는 시기이다. 이때 집 정리는 자기 조직력과 책임감을 기르는 데 도움이 된다. 공부와 취미에 필요한 공간을 마련하고, 개인 공간을 존중하여 자기계발에 집중할 수 있도록 돕는다.

　'성인기'는 사회에 첫발을 내딛는 시기이다. 직업을 갖고 스스로의 힘으로 돈을 벌고 관계를 형성하며 부모로부터 분리해 자신만의 가족을 이룬다. 가장 바쁘고 복잡하며 도전을 통해 성숙해 가는 시간을 보낸다. 부모와 함께 산다면 자신의 방을 독립적으로 관리하는 게 좋다. 집을 떠나 자취를 시작하거나 결혼하여 새로운 가정을 이루는 경우도 많은데 자녀가 독립을 할 경우, 부모도 자녀도 집 정리에 큰 변화가 생긴다. 이럴 때일수록 자신만의 공간을 만들고 관리하는 습관을 형성하는 게 중요하다. 개인 공간과 공동 공간을 활용하여 업무와 가정생활을 조화롭게 이어나갈 수 있도록 배치하고, 다른 가족을 배려하되 자신만의 공간을 마련하자.

　'노년기'는 지혜로움과 편안함을 추구하는 시기이다. 자녀들이 모두 분가한 후 공간에 여유가 생긴다면 부부만의 공간으로 재탄생시킨다. 아이들이 언제 올지 모르니 그대로 남겨두자는 생각은 과감히 버리고, 온전히 부부의 공간으로 꾸리자. 배우자 없이 혼자 살게 될 경우에도 자신을 중심에 두고 집 정리를 하면 편안하고 안전한 공간에서 휴식과 추억을 즐기는 데 도움이 된다. 삶의 아름다운 마무리를 생각하며 짐을 줄이는 것이 좋다.

인생 주기에 따른 집 정리는 각 단계에 맞는 환경을 조성하여 어린 시절부터 노년까지 조화로운 공간에서 살아가게 한다. 자녀들의 성장, 직장 생활, 노후 준비 등에 필요한 환경을 마련하는 것 자체가 즐거운 일이기도 하다. 집 정리는 우리의 삶의 과정과 변화를 반영한다. 집은 우리의 삶의 무대이자 안식처로, 구성원에 변화가 있을 때마다 적절한 시기에 정리하면 삶의 풍요로움과 조화로움을 느낄 수 있다.

가족은 공동체이지 특정한 한 사람의 전유물은 아니다. 집도 마찬가지이다. 가족 구성원의 변화에 따라, 그들의 성장 주기에 따라 각자의 개성이 발휘될 수 있도록 세심하게 돌보는 베이스캠프여야 한다.

한 공간에서 가족으로 살아가는 과정은 서로의 사랑과 관계를 굳건하게 만들어가는 경험이다. 가족 구성원들의 취향과 요구사항을 적절히 반영하고, 자녀들이 창의성과 책임감을 기를 수 있도록 공간을 활용하자.

**집 정리는 사실 내 마음을 정돈하는 일이다. 어지럽고 무질서한 공간은 내 안에도 어지러움과 불안을 불러일으킨다. 하지만 정리된 집은 마치 마음속의 불필요한 걱정들을 덜어내듯이, 나의 안락한 공간에 조화와 평화를 가져다준다.** 물건들이 자리를 잡고, 각자의 공간에 정돈되어 가는 것을 보는 것만으로도 마음이 가라앉고, 집중하기 쉬워진다. 과거의 추억이나 미래의 불안이 산재한 집은 마음의 질서를 혼란시키지만, 잘 정리된 집은 현재의 순간에 집중하게 해준다. 나만의 세상에서 자신과 조화롭게 어울릴 수 있는 기회를 갖는 것이다.

# 03

# 인생 후반기를 위한
# 특별한 정리

## 남겨야 할 것, 보내야 할 것

몇 년 전 겨울날, 혼자 사는 70대 분의 집 정리를 의뢰받았다. 미숙(가명) 님의 집으로 들어서자 겨울 햇살이 작은 창문으로 들어와 거실을 비추었다. 오래된 시계가 멈춘 듯, 집 안이 고요했다. 조용한 분위기와 달리 곳곳에는 쓰지 않는 물건들로 가득 차 있었다.

"이젠 이 집이 너무 복잡해 보여요."

미숙 님의 말소리가 속삭임처럼 들렸다. 그녀는 곳곳에 흩어진 물건들을 바라보았다.

"그동안 정리할 여유가 없어 계속해서 미루고 있었는데 이젠 때가 된 것 같아요."

한때 어린 손주들이 집 안을 뛰어다니던 때도 있었지만 이제는 장성한 어른이 되었다. 자신의 손이 더 이상 필요하지 않다는 것을 알게 되었을 때 상실감을 느꼈지만 동사무소 문화센터에 다니면서 새로운 친구도 다시 사귀었다. 그곳에서 자신처럼 혼자 사는 사람들이 제법 많다는 걸 알았다.

"남편이 살아 있었더라면 더 빨리 시작했을지도 모르겠네요."

미숙 님은 작은 테이블 위에 놓인 액자를 손으로 가리켰다. 지난여름, 남편이 죽기 전 마지막으로 찍은 가족사진이라고 했다. 햇살과 그림자가 어우러져 묘한 애수를 드러내고 있었다.

"어제는 옛날에 썼던 일기와 편지들을 꺼내 봤어요."

그녀의 말 한마디에 추억들이 하나하나 살아 움직이듯 눈앞에서 펼쳐졌다. 미숙 님은 눈물을 참지 못하고 잠시 흐느끼더니 이내 진정하고 집 안을 보여주겠다며 자리에서 일어섰다. 그녀의 시선이 가장 오래 머문 곳은 서재였다. 아마 가장 정리하기 힘든 곳이었을 것이다.

"남편은 참 다정한 사람이었어요. 나는 그게 그 사람이 책을 많이 읽어서였다고 생각해요. 시간이 나면 손에 책을 들고 독서에 빠졌는데 내가 옆에 다가가는 것조차 모를 정도였거든요. 하지만 내가 부르면 언제든 책을 손에서 놓고 빙긋 웃었죠. 그게 그렇게 좋았어요."

"서재를 좀 더 남겨두고 싶으세요?"

"아뇨. 남편 생전 유언이 자기가 죽으면 서재부터 치우라는 거였어요. 나한테 짐이 될까 봐 염려한 거겠죠. 그이가 많이 정리하고 가서 남은 게 이건데도 내가 끌어안고 있었지 뭐예요. 이젠 정리해야죠. 애들한테 짐만 될 테니."

 미숙 님은 자신이 읽고 싶은 책 열 권만 남겨두겠다고 했다. 이 정도면 운신이 어려워지더라도 자녀들이 정리하기에 힘들지 않을 것 같다는 말도 덧붙였다. 일기와 편지는 따로 상자 하나에 보관해두었다. 이마저도 버리고 싶었지만 부모님 돌아가신 뒤에도 추억으로 남기고 싶다면서 자녀들이 말렸다고 했다.

 서재를 정리하며 모두 하나씩만 남겼다. 책상 하나, 책장 하나, 의자 하나. 오래 써온 물건이라 윤기가 났다. 간결하지만 소박한 아름다움이 있었다. 이제 이곳은 미숙 님의 서재였다. 그녀는 이곳에서 좋아하는 책을 필사하고 자녀들과 손주들에게 생일 축하 엽서를 쓰고, 줌으로 온라인 독서 모임을 할 터였다. 미숙 님은 천천히 책을 하나하나 꺼내어 정돈하고는 다시 아름다운 햇살을 받으며 책장 위에 올려놓았다.

 "이렇게 하니까 정말 마음이 더욱 편안해지는 것 같아요."

 그녀가 작은 웃음을 지으며 말했다. 과거의 기억과 현재의 삶이 공존하며 마음이 평화로워지는 듯했다. 옷장의 옷들을 정리하고, 주방 물품을 가벼운 것으로 바꾸며 점점 더 자신에게 맞는 공간으로 가꿔나갔다. 침실도 서재도 거실도 주방도 욕실도 모두 그녀의

노년의 정리는 새로운 시작을 위한 준비가 된다

취향에 맞춰 재정리되었다. 남편과 사이가 좋았기에 혼자 남은 이후 상실감과 외로움에 시달렸다. 그와 함께한 추억이 가득 묻어 있는 공간은 추억인 동시에 괴로움이었다. 어디에 가든 남편의 흔적이 남아 있었기 때문이다. 남편이 떠나고 1년의 시간이 흐른 후 이제는 자신의 남은 날을 생각했다. 남편이 자신에게 그랬듯, 자녀들에게 손주들에게 좋은 기억을 남겨주고 싶었다. 아이들이 언제든 이곳을 찾아와도 깔끔하게 정리된 모습을 보여주고 싶었다. 그러기 위해선 누군가를 위한 집이 아니라 자신에게 맞춰 정리된 집이어야 했다.

정리하는 과정에서 그녀는 과거의 기억들을 새롭게 느끼고, 소중한 것들을 다시 한번 발견하며, 더욱 평온하고 안정된 마음이 든다고 했다. 정리된 공간은 그녀에게 여전히 삶의 가치를 떠올리게 했고, 따뜻하고 평온한 삶을 꿈꾸는 일로 이어졌다. 나이가 들어도, 상황이 변해도 공간 정리는 새로운 시작과 행복한 이야기를 쓸 수 있는 기회였다.


## 노년기 집 정리, 어떻게 해야 할까

평균 수명의 증가와 고령화 사회의 도래는 우리 사회에 많은 변화와 도전을 불러왔다. 실버 세대의 증가에 따라 그들의 라이프스타일에 대한 관심 또한 커지고 있다. 시간이 지나면 누구나 노인이 된다. 그러나 어떤 노년기를 보낼 것인지는 사람마다 상당히 차이가 있는 것 같다. 사실 노년기는 삶이라는 전체 주기에서 볼 때 가장 풍성하고 안락한 시간을 보낼 수 있다. 젊은 시절에는 아이들과 바쁘게 지내느라 나 자신을 위한 공간을 마련할 여유가 없지만 자녀들을 독립시키고 난 후 자기만을 위한 시간을 더 많이 가질 수 있기 때문이다. 새로운 관점으로 삶을 바라보고 일상을 누릴 수 있는 이때야말로 집을 정리하고 공간을 새롭게 가꾸기에 좋은 기회이다.

나는 미숙 님의 이야기를 통해 노년기를 준비하고 즐기기 위해서라도 정리가 중요하다는 사실을 더욱 강하게 느꼈다. 그동안의 삶을 돌아보며 미뤄둔 꿈이나 관심사를 다시 발견하고, 그것들을 위한 공간을 조성함으로써 노년기를 더욱 풍요롭게 만들 수 있다는 것을 깨달았다.

젊을 때는 돈을 벌고 자녀들을 키우며 가정의 안정을 위해 바쁜 일상에 휩싸일 수밖에 없다. 자신을 위한 공간을 만들기는커녕 팍팍한 시간 속에서 자신의 자리는 우선순위에서 밀리기 일쑤였을 것이다. 그러나 이제는 삶의 과제에서 벗어나 그동안 미뤄두었던 내면의 가치와 삶의 의미에 더 집중하는 시간으로 보낼 수 있게 되었다. 처음에는 그 과정이 서툴고 어색하게 느껴지더라도 시간이 지날수록, 자신을 위한 공간에서 새로운 삶을 설계하며 자신과 더 깊이 소통할 수 있다.

그렇기에 노년기의 공간 정리는 물리적인 과정일 뿐만 아니라, 내면의 정리와 재생을 함께 이루어내는 시간이다. 특히 배우자와 사별한 후 혼자 남으면 적적함과 우울감에 빠질 수 있는데 이때 자신의 공간을 아늑하고 편리하게 재정비하는 과정을 통해 삶의 활력을 불어넣는 중요한 터닝 포인트를 맞이할 수 있다. 정리를 통해 추억을 돌아보되 과거에 사로잡히지 않고, 희망을 찾아보되 헛된 미망에 끌려가지 않는다면, 그동안 미처 발견하지 못했던 새로운 자신을 발견하고, 남은 삶의 목표를 재설정해서 미래에 대한 기대감을 가질 수 있다.

미숙 님의 이야기를 통해 살펴본 것처럼, 공간 정리는 그들의 생명력과 의미 있는 삶의 한 조각이 될 것이다. 나이가 들어서도 자녀들의 뒷바라지에만 치우치지 않고, 자신을 위한 공간과 시간을 소중히 여기며 더욱 풍요로운 노년을 살아갈 수 있기를 바라본다. 그렇다면 구체적으로 노년기의 공간 정리는 어디에서부터 어떻게 시작하는 것이 좋을까? 개별적인 취향은 다르겠지만 중심이 되는 원칙 몇 가지를 알려주고자 한다.

첫 번째는 가장 중요한 요소로 '안전'을 고려해야 한다는 점이다. 노년기는 노화로 인한 신체적 민감도와 기능 저하로 종종 위험한 상황에 놓일 수 있다. 정리되지 않은 공간은 이동과 일상생활을 불편하게 만들 수 있으며, 자칫 위험 요소가 될 수 있다. 그렇기에 공간을 정리할 때 동선 및 물건 배치는 반드시 '안전'이 최우선되어야 한다. 가구도 되도록 낮은 것을 사용하고 안정적으로 배치한다. 발이 걸리지 않도록 문턱을 없애고 침대나 화장실에 난간을 설치하는 것도 고려해 보자. 화재 예방을 위해 전기용품을 적절히 사용하고, 쉽게 넘어지지 않는 가구들을 놓는다. 이 시기 집 정리의 목표는 노후에도 독립적으로 생활하는 것이다.

두 번째는 '편의성'이다. 간단한 일상생활에서도 어려움을 겪을 수 있으므로 물품의 사용이나 보관이 편리하도록 배치하고 주방 물품도 가벼운 것으로 바꾼다. 주방과 욕실 등 주요 생활공간을 효율적으로 조성하여 음식 준비, 세탁, 목욕 등의 일상 활동을 편리하게 할 수 있도록 한다. 수납 공간의 높낮이를 조절하고 손잡이를 추가로 설치하여 생활의 불편함을 최소화한다. 이동식 바퀴가 있는 물건의 경우 편리하지만 조절이 제대로 안 될 경우 미끄러져서 사고로 이어질 수 있다. 기능성을 우선으로 하면서도 안전한 물건들인지 살펴보자.

세 번째는 '청결'이다. 깨끗하고 청결한 공간은 미생물의 번식을 막고 건강을 유지하는 데에도 도움이 된다. 또한 안락하고 편안한 공간은 스트레스를 줄이고 정서적으로도 안정이 된다. 자주 환기를 시킬 수 있도록 창가에 물건을 쌓아두지 말고 방문도 활짝 열릴 수 있도록 한다. 혼자 청소하기 힘들다면 스마트 기기나 외부 도움을 받는 방법도 고려해 보자.

네 번째는 '소통'이다. 정리된 공간은 노인들이 사회적 활동과 소통을 더욱 원활하게 할 수 있도록 돕는다. 비상연락처를 냉장고 문에 붙이는 등 눈에 보이는 곳에 두고 힘들 때 언제든 도움을 요청하는 것은 물론 친구, 가족, 이웃들과의 만남을 즐길 수 있도록 한다. 나이가 들수록 외로움과 고립감이 늘어난다. 특히 거동이 힘들면 우울증이 찾아오기도 한다. 친구, 가족, 이웃들과의 교류와 소통을 촉진하는 공간을 조성하여 사회적 고립을 예방해야 한다. 공용 공간이나 야외 공간을 활용하여 모임이나 활동을 즐길 수 있는 기회를 만들고 주기적으로 소통할 수 있는 사람을 만나거나 사회적 활동을 하는 환경을 준비하자.

다섯 번째는 '자아 존중감과 성취감'이다. 나이가 들어도 젊은 이들과 마찬가지로 자아 존중감과 성취감을 중요하게 여긴다. 공간을 정리하고 꾸며나가는 과정은 스스로의 능력을 발휘하며 성취감을 느낄 수 있는 기회를 제공한다. 또한 자신의 공간을 효과적으로 관리함으로써 자아 존중감을 높이고, 노후의 풍요로움을 느낄 수 있다.

노년기를 위한 공간 정리는 심리적, 물리적으로 다양한 측면을 고려해야 한다. 정리된 공간은 노년에도 독립적이고 삶의 질을 유지할 수 있도록 돕는다. 건강한 식사, 햇빛과 신선한 공기를 즐길 수 있는 장소가 되도록 하자.

## 노년기를 위한 물건 정리법

공간에 대한 전반적인 계획을 세웠다면, 어떤 물건을 선택하고 어떻게 정리할 것인지 구체적인 방법에 대해 알아보자.

우선 첫 번째는 편안한 가구와 소품들을 선택하는 것이다. 되도록 편안하게 앉거나 누울 수 있는 가구가 좋다. 근육과 관절에 무리가 가지 않도록 디자인된 의자나 침대인지 확인하자. 현란한 디자인의 가구나 물품보다는 단순하고 실용적인 디자인, 기능이 많고 복잡한 물품보다는 쉽게 조작할 수 있는 제품을 선택하자. 서랍이나 선반에는 손잡이나 고리를 추가로 달아 사용에 어려움이 없도록 하는 게 좋다.

두 번째는 접근성과 가시성에 대한 고려이다. 물건에 쉽게 접근하고, 무엇이 어디에 있는지 쉽게 파악할 수 있도록 배치하는 것이 좋다. 가장 자주 사용하는 물건은 잘 보이는 곳에 두고 잘 사용하지 않는 물건은 뒤쪽이나 상자에 보관하여 불필요한 혼잡함을 줄인다. 물건들을 사용 빈도나 기능에 따라 카테고리별로 분류해 두면 찾기 쉽고 혼란을 줄일 수 있다. 특히 휴대전화, 리모컨, 건강을 돕는 약품, 안경, 청력 보조기, 지팡이 등 필수적인 물건들은 가까이 두자.

세 번째는 미끄러지거나 넘어지는 등 안전에 위협이 되지 않도록 집 안에서 물건들을 적절하게 정리하는 것이다. 꼭 필요한 물건들만 남기고 쓸모없는 물건들은 버리자. 무거운 물건들은 너무 높게 두면 불편하므로 낮은 높이에 수납공간을 충분히 마련할 것을 권한다.

네 번째는 집 안의 경로와 통로를 잘 확보하는 것이다. 산만한 물건들이 통로를 막지 않도록 주의하자. 특히 여기저기 널려 있는 약통에 넘어지는 경우도 종종 있으니 매일 챙겨야 하는 물품들은 안전한 곳에 모아둔다. 어두운 공간보다는 밝고 환한 공간에서 물건을 찾기 쉽다. 가독성이 뛰어난 큰 글자의 라벨과 밝은 조명을 사용하자.

다섯 번째는 감정적 가치를 함부로 낮추지 않는 것이다. 과거의 추억은 노인들에게 굉장히 소중한 부분이다. 추억을 담은 물건들은 잘 보관하면서, 불필요한 물건들은 과감하게 정리하는 것이 좋다.

노년기를 위한 물건 정리법은 기능성과 편의성을 중요시하는 것이 핵심이다. 노년에 접어들면 체력이나 기억력이 떨어질 수 있으므로, 일상생활을 보다 간편하게 만들고 안전하도록 물건을 정리하는 것이다. 이제 그들에게 젊은 시절의 에너지와 청춘의 넘치는 힘은 더 이상 함께하지 않는다. 하지만 특유의 활력이 존재한다. 인생의 지혜와 경험으로 가득 찬 영혼의 주인공들이므로 그들의 공간 또한 마땅히 그에 걸맞게 존중되어야 한다.

# 04

# 공간이 보여주는
# 지혜와 배려

## 집을 의미 있는 공간으로 만드는 방법

정리를 떠올리면 공간을 생각하지만 좋은 공간을 만드는 데 빠져서는 안 되는 것이 바로 시간이다. 앞에서 강조한 심리적 독립을 위한 공간 분리도 단순히 공간을 나눠 쓰는 일만 의미하는 것이 아니다. 공간의 독립성은 시간의 독립성과 연관되어 있기 때문이다. 아이들이 사춘기가 되면 '격렬하게' 자기만의 방을 원한다. 독립된 공간에서 혼자만의 시간을 가지며 정체성을 형성하는 것이다. 독립된 방이 있다고 반드시 행복한 시간이 되는 것이 아니다. 내가 어떤 시간을 그곳에서 보냈느냐에 따라 좋은 공간이 되기도 하고 기억하기조차 싫은 공간으로 남기도 한다.

집 안에서의 시간도 마찬가지이다. 가족과 함께 지내는 곳이 진정 마음의 위안이 되는 '우리 집'이 될지, 들어오기 싫은 '이놈의 집 구석'이 될지는 가족과 함께 보내는 시간에 달려 있다. 시간과 공간은 서로 깊이 연결되어 있다. 공간과 시간이 조화롭게 어우러지는 집은 아름답고 조화로운 음악과 같다. 우리는 정돈된 집 속에서 시간의 선율을 느끼며, 내면의 평화에 미소 짓는다. 집은 인생의 의미 있는 시간을 만들어내는 공간이다. 우리가 살아가면서 집에서 보내는 시간은 거의 절반이 넘는다. 학교나 직장에서 아무리 많은 시간을 보낸다고 해도, 잠자는 시간을 포함하면 집에서 보내는 시간이 훨씬 많다.

그런 면에서 집이라는 공간이 주는 중요성은 굉장히 크다. 부모의 일관적인 양육방식이 아이를 올바로 키우듯, 잘 정돈된 따뜻한 공간이 가족 구성원에게 심리적 위안과 안정감을 줄 수 있기 때문이다. 밖에서 그 어떤 고충을 겪어도 집에 들어오면 무장 해제되고, 사회적 가면을 벗고 본연의 나 자신으로 돌아갈 수 있는 유일한 공간. 이것이 집이 아닐까. 집에서 켜켜이 쌓아올린 좋은 경험의 기억들이 마음속에 자리 잡고, 다른 새로운 공간을 마주하게 되어도 자신만의 기준으로 공간을 가꿔나갈 수 있다.

인생의 의미와 풍요로움은 때때로 작은 순간들에서 비롯된다. 이러한 순간들은 가족과 함께 보낸 시간에서 찾을 수 있다. 집은 우리가 이러한 의미 있는 순간들을 만들어내고 경험할 수 있는 곳으로 가족들의 역할과 노력이 결합되어야 한다. 가족들이 함께 노력하고 서로에게 주는 소중한 역할을 통해 집은 인생의 의미 있는 시간을 더욱 깊게 채우는 공간으로 거듭나기 때문이다. 그렇다면 우리의 집을 의미 있는 시간으로 채우기 위한 방법에는 무엇이 있을까?

첫째, 가족들과 소통을 자주 한다. 대화를 많이 나누는 가족은 서로의 생각과 감정을 존중하며, 이를 바탕으로 공감과 이해도 깊어진다. 기쁨을 나누고 슬픔을 함께하면 뿌리 깊은 유대감이 형성되고 가족의 결속력이 강화된다. 작은 관심과 따뜻한 말 한마디가 누군가의 일상을 더 특별하게 만들어줄 수 있다는 것을 기억하자.

둘째, 서로를 지원하고 돌보는 역할을 수행한다. 기쁜 순간에는 행복을 나누고 어려운 순간에는 위로한다. 가족 간의 지지와 격려는 집을 따뜻하고 안정된 공간으로 만들어주며, 그 안에서의 의미 있는 경험을 더욱 풍성하게 해준다. 감사의 마음을 가지고 서로를 칭찬하고 격려해 주자. 긍정적인 피드백과 격려는 자신감을 키우고 가족의 분위기를 긍정적으로 유지하는 열쇠이다.

셋째, 가족이 함께하는 활동을 찾는다. 가장 가까운 사이지만 의외로 가족과 보내는 시간이 적은 경우가 많다. 가족이라는 이유로 유대감이 무작정 샘솟는 것은 아니다. 함께 게임을 하거나 요리를 하는 등 아무리 사소한 일이라도 얼굴을 맞대고 자주 시간을 보내는 것이 중요하다. 가족만이 가진 특별한 기념일을 축하하거나 여행을 떠나는 것도 가족의 연결을 깊게 만드는 좋은 방법이다.

　마지막으로, 존중하고 배려하는 태도를 가진다. 가족은 다른 인간관계와 달리 공통분모를 이미 많이 확보하고 있기 때문에 서로 다른 욕구를 지녔다는 것을 잊기 쉽다. 특히 갈등이 생기거나 의견이 어긋날 때 특정 구성원의 일방적인 희생을 강요하는 것은 금물이다. 각 구성원을 독립된 인격체로 존중하고, 가까운 사이라고 해서 감정을 여과 없이 드러내거나 사람 사이에 마땅히 해야 할 감사나 미안함의 표현을 생략하는 것은 옳지 않다. 서로 애정을 표현하고 예의 있고 다정하게 대하는 노력이 수반되어야 집은 사랑과 존중이 넘치는 곳으로써의 역할을 충실히 수행할 것이다.

　집은 그저 벽과 천장으로 이루어진 커다란 콘크리트 상자가 아니다. 단지 잠을 자기 위해 돌아가는 곳도 아니다. 집은 우리의 감정과 기억으로 가득 찬 마음의 안식처이다. 여기서 우리는 행복과 슬픔을 함께 나누며, 성장과 변화를 경험한다. 집에 놓인 작은 소품 하나하나가 우리의 이야기를 품고 있으며, 그곳에서 보낸 시간들은 우리의 삶을 아름답게 수놓는다.

　집에서 보내는 좋은 시간은 선물과 같다. 아침 해맞이의 따스함에서 저녁노을의 포근함까지, 매 순간은 소중한 추억으로 남는다. 집은 우리에게 휴식과 편안함을 선사하며, 그 안에서의 시간은 아름다운 음악처럼 다가온다. 집은 오롯이 우리를 위한 특별한 장소이다. 가족 구성원이 각자 할 수 있는 역할을 맡고 소통하는 시간을 통해 서로를 지지한다면 집은 인생의 의미 있는 순간들을 풍성하게 채우는 공간으로 거듭날 것이다.


## 좋은 공간이 심리적으로 건강한 아이를 키운다

집을 좋은 시간을 경험하는 공간으로 만드는 것은 심리적인 측면에도 도움이 된다. 집에서 편안하고 즐거운 시간을 보내는 아이들이 심리적으로도 건강하다고 한다. 왜 그런지 이유를 한 가지로 꼽기는 어렵다. 다양한 요소들이 상호작용하여 영향을 미치기 때문이다.

집은 아이들에게 안정감과 자신감을 제공한다. 익숙한 환경에서 편안하게 시간을 보내며 일상적인 활동을 할 때 아이들의 심리적 안정이 촉진된다. 이때 중요한 것이 가족과의 유대감이다. 가족은 가장 작은 단위의 공동체라고 할 수 있다. 가족과 함께 시간을 보내며 소통하는 법과 감정을 조절하는 법을 배운다. 함께하는 일과를 통해 협력하는 기회가 늘어나며, 이것은 아이들의 사회적 기술과 감정 지능을 향상시킨다.

집에서 아이들은 자신만의 관심사와 활동을 선택하여 추구할 수 있다. 이러한 자율성은 아이들의 창의성을 촉진하며, 자기 주도적인 학습과 자기계발을 지원한다. 또한 학교나 사회 활동에서의 압박과 스트레스로부터 벗어나 집에서 보내는 편안한 시간은 아이들에게 휴식과 재충전의 기회를 준다. 자신의 공간을 기호에 맞춰 꾸미는 행위는 자존감과 자신감을 향상시키는 데 기여한다. 이런 시간을 통해 아이들은 자신감을 키우고 내적으로 성장하며 긍정적인 자아 이미지를 형성한다.

인간의 행동과 심리 상태는 주변 환경과 밀접한 연관성을 가지고 있다. 환경의 변화는 아이의 감정과 인지에 영향을 미치며, 이에 따라 행동이 조절된다. 예를 들어, 자연 속에서 편안한 시간을 보낼 때 우리의 정서는 긍정적으로 변하지만, 소음으로 가득하고 거친 말이 난무하는 곳에서는 위축되고 화가 나며 부정적 사고에 사로잡히기 쉽다. 현재 우리 집은 사랑하는 자녀에게 편안한 곳일까? 한번쯤 생각해 볼 문제이다.

아이들은 집에서 다른 사람과의 관계를 형성하며, 이를 통해 자아의 정체성을 탐색하고 사회적인 의미를 찾아간다. 이런 관계의 복잡성은 서로를 존중하고 배려하는 태도와도 연관되며 사회적 윤리의식을 향상하는 데도 크게 영향을 미친다. 집이 아이에게 중요한 이유는 인격의 기초를 세우고 다듬는 역할을 하는 부모와 함께 사는 곳이기 때문이다. 인간관계는 공간과 밀접한 관련이 있다. 부모와 함께하는 양질의 시간은 아이에게 긍정적인 정서를 느끼게 하고 심리적 안정감을 준다. 부모와 자연스럽게 감정을 주고받으며 대화하는 아이들은 학교나 사회에 나가서 타인과 자연스럽

인생은 끊임없는 여정이며 그 여정의 일부는 집에서 펼쳐진다

게 어울리며 자신의 자리를 찾는다.

또한 집은 아이들의 성장과 자아 발견의 공간이다. 편안하고 자유롭게 책을 읽거나 예술적인 활동에 몰두하며 풍부한 내면의 세계를 발견한다. 집이라는 공간을 통해 자신이 사랑받는 존재라는 것을 인식하고 미래의 가능성을 꿈꾸는 것이다. 이런 점에서 집에서 좋은 시간을 많이 보내는 아이들은 심리적으로 건강한 토대를 갖춘다. 중요한 것은 부모의 역할이다. 아이들과 원활한 상호작용을 유지하며, 아이들이 사회적으로 다양한 영역에서 성장하도록 지원해야 한다.

인생은 끊임없는 여정이며, 그 여정의 일부는 우리의 가장 익숙한 장소인 집에서 펼쳐진다. 집은 우리가 안락하게 쉴 수 있는 공간일 뿐만 아니라 가족과 함께하는 소중한 순간들로 채워지는 장소이다. 집이 인생의 의미 있는 시간을 보내는 곳이 되려면, 서로의 역할과 노력이 필요하다. 부모라면 누구나 자신의 아이가 행복하게 살아가길 바랄 것이다. 그 행복의 뿌리가 되는 곳이 '집'이라고 할 수 있다.

철학자 하이데거는 사람의 존재가 환경과 끊임없는 관계 속에서 형성되며, 공간은 우리의 의식과 함께하면서 우리의 존재에 영향을 미친다고 주장했다. 아이들은 집이라는 작은 세상에서 더 큰 세상으로 나아갈 준비를 한다. 집에서 가족의 온기를 느낄수록 세상을 신뢰하고 희망과 용기를 갖는다. 집은 아이들에게 삶에서 경험하는 최초의 공간이자 모험의 장소이며 열린 무대이다. 이곳에서 세계를 넓히고, 스스로의 잠재력을 발견한다. 집에서 좋은 시간을 보낼수록 아이들의 삶은 더욱 풍요로워지고 더욱 의미 있게 빛난다. 이 공간에서의 경험들이 아이들을 더 큰 세계로 이끌어주는 나침반 역할을 한다. 언제든 세상으로 나아갈 수 있는 곳, 언제든 돌아와 편히 쉴 수 있는 집으로 만들어 아이들의 인생에 날개를 달아주자.

# 05

# 정리가
# 삶에 미치는 영향

## 홀가분한 삶을 위하여

인생은 빠르게 변하고 시간의 흐름 속에서 우리는 수많은 경험과 기억을 쌓는다. 그러나 경험과 기억도 정리하지 않으면 시간이 지남에 따라 잊히거나 혼란스러워진다. 나는 머리가 복잡해지면 집 안의 물건을 정리하곤 하는데, 물건을 정리하다 보면 생각도 정리가 된다. 생각이 정리되면 물건 정리도 한결 수월해지는 선순환이 만들어진다. 정리는 우리의 삶을 더욱 효율적으로 만들고, 성장과 발전을 이루는 데 큰 도움을 준다. 정리가 삶에 유용한 것이라면, 정리를 하는 적기도 살아 있을 때이다. 정리를 살아서 하지 죽어서 하는 사람도 있냐고 반문하겠지만 자기가 쌓아둔 물건들을 살아 있을 때 정리하지 못하고 죽는 사람들도 많다.

"지금 죽어도 괜찮을 정도로 집을 정리하며 살고 있나요?"

이 질문에 흔쾌히 "네. 그럼요!"라고 대답할 사람이 얼마나 될까. 정리를 전문으로 하고 있는 나조차 100퍼센트 그렇다고 말하지는 못한다. 그럼에도 항상 머리와 가슴으로 인식하고 있다. 내가 살아 있는 동안 내 짐은 내가 정리하자고 말이다. 내가 타인의 지나친 짐을 억지로 떠맡고 싶지 않은 것처럼, 나 또한 타인에게, 설령 그것이 가족이라 하더라도, 떠넘기고 싶지 않은 것이다.

태어나는 데에는 순서가 있지만 죽는 데에는 순서가 없다고 한다. 지인 중 한 명은 힘든 일을 겪을 때마다 '메멘토 모리'라는 라틴어 격언을 떠올린다고 했다. 처음 이 말을 들었을 때는 솔직히 이런 생각이 들었다.

'힘들어 죽겠는데 격언이나 떠올리다니, 아직 살 만한가 보네. 숨이 턱턱 막힐 때 무슨 말이 생각난다는 거지?'

그런데 그분의 삶을 가만히 지켜보니 힘든 일은 '언젠가 지나간다'는 마음으로, 행복한 일은 '지금 마음껏 누리자'는 태도로 살아가는 듯했다. 그분을 만나면 마음이 평온했고, 끌탕이 일던 생각도 별일 아닌 듯 소소하게 여겨졌다. 어떻게 이런 '마법'을 부릴 수 있는지 궁금해서 한번은 지나가는 말처럼 물어보았다.

"어떻게 그렇게 살아갈 수 있어요?"

"정리 덕분이죠. 제 삶의 우선순위에 늘 정리가 있거든요. 불필

잘 정돈된 집은 우리를 홀가분한 삶으로 이끈다

요한 물건은 집 안에 들여놓지 않아요. 부정적인 생각을 오래 하지 않는 것과 같죠. 살다 보면 이래저래 물건이 쌓이는 것처럼, 안 좋은 생각이 저절로 들 때가 있죠. 그럴 땐 자신에게 이렇게 물어요. '이게 꼭 필요해?', '이게 나에게 정말 중요해?' 그럼 답이 나와요. 순간적으로 마음에 끌리는 물건이라도 내가 안락하게 머무는 공간을 해친다면 과감하게 배제하죠. 처음엔 어려웠는데 정리도 과정이고 훈련이더라고요. 반복할수록 능숙해지고. 덕분에 굉장히 홀가분하게 살아요."

정리 전문가인 나도 감탄할 수밖에 없는 대답이었다. 특히 '홀가분!'이라는 말이 인상적으로 다가왔다. 짐을 덜어내고, 불필요한 물건을 사지 않고, 그때그때 비우면서 사는 삶을 한 마디로 정리하면 '홀가분한 삶'이 아니겠는가.

누군가는 먼지가 쌓이고 유통기한이 지난 물건들을 껴안고 살아가는 동안 누군가는 불필요한 물건을 덜어내고 소중하고 의미 있는 물건으로 공간을 가꾸며 몸도 마음도 홀가분하게 살아간다. 홀가분한 삶은 간결함과 균형의 예술이다. 물건을 뒤치다꺼리하며 바쁨의 산란한 파도를 따라 다니는 대신, 여유로운 공간에서 차분함과 창조성을 발견하며 새로운 길을 개척한다.

홀가분한 삶은 인생에서 빛나는 아름다움을 발견하는 기술이다. 하루하루 평화로운 내면을 느낄 수 있으며, 불필요한 물건과 무질서함의 혼돈에서 벗어나 삶의 속삭임과 조용한 숨소리를 들을 수 있다. 서두르지 않는 대신 여유롭게 산책하고 느긋하게 대화하며 일상이 특별한 순간들로 물들어가는 풍경을 더 자주, 더 많이 목격한다. 삶의 깊이와 폭이 확장되며, 고요함이 큰 풍성함을 안긴다는 진리를 깨닫게 되는 것이다.

내게 꼭 맞는 물건, 꼭 필요한 물건이 있는 공간을 생각해 보자. 쾌적하고 안온한 공간에서 일상을 살아가는 모습을 떠올려보자. 고요한 밤하늘에 퍼져 있는 은은한 별빛처럼 삶의 시간이 조용하게 빛나며, 마음이 가라앉는다. 작은 꽃 한 송이의 향기, 향긋한 차와 함께하는 독서의 시간, 상쾌한 공기 속의 산책, 이 모든 것들이 삶의 무늬를 빚어내며 천천히 펼쳐지는 수련처럼 내면의 아름다움을 발견하게 한다. 물건이 주인이 된 집에서 벗어나자고 결심하고 실행으로 옮기면 창조적인 공간의 주인으로 홀가분한 삶을 살아갈 수 있다.


## 정리가 삶의 우선순위에 놓일 때 생기는 일

공간 정리를 삶의 우선순위에 놓을 때 어떤 변화가 생길까? 내가 경험한 것을 바탕으로 말하면 다음과 같다. 가장 눈에 띄는 변화는 '공간'이 중요해진다는 점이다. 불필요한 물건을 줄이고 정리함으로써 물질적인 부담을 줄이고, 더 간결하고 조화로운 공간을 만들 수 있다.

두 번째는 시간 관리가 개선된다는 점이다. 물건을 정리하고 공간이 여유로워지면 필요한 물품을 바로바로 찾을 수 있다. 생활의 흐름을 더 효율적으로 관리할 수 있기에 시간을 낭비하는 일이 놀랍도록 줄어든다. 시간의 여유를 느끼는 일은 정서적인 안정감으로 이어진다. 무질서하고 혼잡한 환경에서 벗어나 마음의 평온함을 더 강하게 느낀다.

세 번째는 창의성과 생산성이 증대된다는 점이다. 깨끗하고 조직적인 환경이 창의성과 생산성을 촉진시키는 데 도움이 된다는 사실은 이미 밝혀진 일이다. 더 중요한 가치와 목표에 집중할 수 있고 필요한 것과 중요한 것을 구분하며, 의미 있는 활동과 관계에 집중하게 된다.

정리를 통해 공간의 변화를 느끼면 새로운 에너지와 열정이 생긴다. 또 다른 시작을 위한 강력한 동기부여가 되는 것이다. 이런 점에서 공간을 정리하고 돌보는 일은 자아의 성장을 나타내는 중요한 요소라고 볼 수 있다. 자신을 존중하고 돌보는 태도를 공간 정리를 통해 표현하며, 개인적인 성장과 변화를 받아들이는 데 도움이 되기 때문이다.

이런 일이 정말 가능한지 명확하게 보여주는 사례가 있다. 태인 (가명) 씨의 경우다. 과거의 그는 항상 바빴다. 바쁜 일상에 쫓기면서 집 안의 물건들이 치솟아 오르는 듯했다. 간신히 시간을 내어 집을 정리하려고 하면, 또 다른 업무가 끼어들어 계속해서 미뤄지기 일쑤였다. 그 결과, 그의 집은 어지러움과 혼돈으로 가득 차 있었다. 잡동사니가 여기저기 쌓여 있어 금방이라도 무너질 듯한 느낌이 들었다.

어느 날, 그는 자신이 이런 상태로 계속 살아갈 수 없다는 결심을 했다. 물건들을 한 개씩 꺼내어 보고, 더 이상 필요하지 않은 것들은 버리기로 결심했다. 하지만 이번에도 중요한 일들이 끼어들었다. 하지만 이번만큼은 포기하지 않았다. 간신히 남은 시간들을 모아, 한 공간씩 정리하기 시작했다.

혼자 조금씩 정리를 해오던 그는 몇 년 후 본격적으로 공간 컨설팅을 받고 싶어졌다. 새 공간으로 옮길 기회가 왔을 때 다시 한 번 자신의 삶을 업그레이드할 때가 왔다고 느꼈다. 부담스러운 금액이었지만, 현재의 자신을 위해 과감히 투자하기로 결정했다. 이사 준비를 위해 짐 정리를 하면서 새로운 행복감에 빠졌다. 이전의 과거를 회상하면서도, 정리정돈으로 인해 느끼는 즐거움을 새록새록 느낄 수 있었던 것이다. 그는 자신의 성격과 취향을 반영하는 물건들을 손으로 만져보며 기쁨을 느꼈다. 새로 만들어갈 공간은 지금보다 더 자신에게 맞는 장소로 가꿔가고 싶었다.

그가 이사한 곳은 작은 집이었지만 더 이상 평수가 문제가 되지 않았다. 방 한쪽에 자신만의 작은 공간을 만들었다. 여기서 그는 마음껏 책을 읽고, 취미활동에 몰두했다. 작은 책장에는 다양한

공간은 나를 가장 잘 드러내는 표현 방식이다

장르의 책들을 꽂았다. 책상 위에는 싱싱한 꽃을 꽂아둔 작은 꽃병을 놓았다. 벽에는 그가 좋아하는 사진들이 걸려 있었다. 이 작은 공간을 보는 것만으로도 만족스러웠다. 평화롭고 편안한 공간이다. 그는 잠시 눈을 감고 시간이 흐르게 두는 것을 즐긴다. 침대 위에는 짧은 문구가 새겨진 액자가 놓여 있다. 자신을 위로하고 힘이 되는 말이다.

거실에는 아늑한 소파와 감미로운 조명을 놓았다. 깔끔한 주방은 마음대로 요리하고 즐길 수 있는 공간이다. 양초의 빛과 감미로운 향기가 주방을 따스하게 물들인다. 커피를 끓이고, 좋아하는 요리를 직접 만들며 가끔 친구들을 초대한다. 현재도 그는 자신만의 공간에서 자유롭고 창의적인 시간을 즐긴다. 태인 씨의 공간에 들어서는 사람들은 누구나 그가 어떤 사람인지 알아차렸다. 그가 삶을 진정 사랑하고 누릴 줄 안다는 것을. 그의 공간은 자신이 두 손으로 만든 행복이었다.

## 삶을 한 단계 도약시키는 힘

인간은 태초부터 머물며 살아가는 곳을 필요로 해왔다. 그리고 이 필요는 단순한 생존의 욕구만이 아니라 정체성과 풍요로움을 찾는 본능으로까지 확장되었다. 공간은 단순히 물리적인 편안함을 의미하지 않는다. 아이덴티티를 발견하고 가능성을 키우며 취향을 만들고 가꾸는 '자신만의 세계'로써의 의미를 지니며, 나와 타인을 이해하는 장소이기 때문이다.

공간과 사람은 서로 긴밀한 관계 속에서 상호작용하며 함께 발전하고 변화한다. 사람은 공간을 만들고 공간은 사람을 만든다. 이 관계는 무한한 순환의 흐름과도 같다. 우리는 환경과 공간을 창조한다. 집, 사무실, 도시 등의 공간은 사람의 의도와 창의성을 통해 조성된다. 디자인, 구조, 기능 등이 결합되어 사람들이 원하는 목적과 편안함을 충족시키는 공간이 만들어지는 것이다. 주변 환경과 공간은 우리의 행동을 조절하고 방향을 제시하며, 감정과 기분을 결정한다. 심리학적으로도 우리가 머무르는 환경이 감정과 행동에 영향을 미친다고 한다. 때로는 주변 공간이 우리의 마음에 영향을 미치도록 세팅되어 있는 것 같은 기분이 들 때도 있다. 그만큼 공간이 우리의 심리적 상태와 연결되어 있기 때문일 것이다.

공간은 문화와 아이덴티티를 형성하는 데도 중요한 역할을 한다. 특정 지역의 건축 양식, 공간의 용도, 인테리어 선택 등은 개인과 집단의 문화, 가치, 아이덴티티를 반영한다. 이런 역할을 통해 공간은 사람들 사이의 상호작용과 경험을 형성한다. 집 안의 구조가 가족 구성원들 간의 소통을 지원하거나 방해할 수 있고, 도시의 도로와 공원은 사람들의 만남과 활동의 장소가 된다.

세상의 수많은 공간 중에서도 집이라는 공간은 특별하고 소중한 곳이다. 집 안의 작은 공간 하나하나는 개별적인 의미를 갖는다. 이 작은 공간들은 우리의 일상을 채우고, 우리의 생각과 감정을 형성한다. 작은 공간에 불과하지만 우리의 내면을 보여주는 창이며, 아이디어와 창조성을 자유롭게 발휘하는 거대한 장이며, 삶의 무대이자 이야기의 배경이다.

집은 모든 여정의 출발점이자 도착점이다. 세상에 나아가 정신 없이 바쁜 하루를 보내고 집으로 돌아와 편안한 공간에서의 안식을 누리며 다음 날의 에너지를 충전한다. 집에서 우리는 일상을 누리고 소중한 순간을 보낸다. 집이라는 안식처는 나답게 있을 수 있는 유일한 곳이기에 편안하게 숨 쉬며, 온전한 자아를 느끼는 보금자리이다. 인생길을 더욱 감미롭고 빛나게 만드는 곳이기에 집에서 보내는 소중한 순간과 경험을 우선순위 뒤로 밀쳐내어서는 안 된다.

**집은 삶에서 가장 편안하고 근원적인 쉼이 되어주는 공간이다. 따라서 집을 정리하는 일은 새로운 공간을 창조하는 작업과도 같다. 이 작업은 물리적인 공간뿐만 아니라 정신적인 차원에서도 새로운 시작을 의미하며, 우리의 생활환경을 더욱 풍요롭고 의미 있게 만들어준다.** 공간을 새롭게 정리하는 과정은 창의적인 사고를 촉진시키며, 능동적이고 주체적으로 살아가게 한다.

우리는 집에서 진정한 자아를 회복하고 평온한 감정을 느끼고, 사회성을 기르고 정체성을 확립하게 된다. 집이라는 공간을 자주 쓰다듬고 효율적으로 정리하는 습관을 갖는다는 건 결국 내 삶을 더 나은 방향으로 이끄는 습관을 갖게 된다는 말과 같다. 정리된 공간은 몸과 마음의 조화를 이루며, 삶의 다양한 측면에서 긍정적인 영향을 미친다. 새로운 시작과 에너지를 부여하며, 창의성과 집중력을 향상시키고, 목표 달성과 자기 발전을 지속할 수 있는 기반을 제공한다. 내 삶을 더 나은 방향으로 이끄는 습관으로써 집 정리의 힘을 깨닫는다면 삶을 한 단계 도약시킬 수 있는 새로운 가능성과 멋진 기회를 발견하게 될 것이다.

집은 우리의 감정과 기억으로 가득 찬 마음의
안식처이다. 집에 놓인 소품 하나하나가 우리
의 이야기를 품고 있으며 그곳에서 보낸 시간
들은 우리의 삶을 아름답게 수놓는다

# 잘되는 집들의 비밀

**초판 1쇄 발행** 2023년 10월 5일
**초판 6쇄 발행** 2024년 1월 19일

**지은이** 정희숙
**펴낸이** 김선준

**편집이사** 서선행
**책임편집** 임나리(lily@forestbooks.co.kr)　**편집1팀** 이주영
**디자인** 엄재선
**마케팅팀** 권두리, 이진규, 신동빈
**홍보팀** 조아란, 장태수, 이은정, 권희, 유준상, 박미정, 박지훈
**경영관리팀** 송현주, 권송이

**펴낸곳** (주)콘텐츠그룹 포레스트 **출판등록** 2021년 4월 16일 제2021-000079호
**주소** 서울시 영등포구 여의대로 108 파크원타워1 28층
**전화** 02) 332-5855 **팩스** 070) 4170-4865
**홈페이지** www.forestbooks.co.kr
**종이** (주)월드페이퍼 **출력·인쇄·후가공·제본** 한영문화사

ISBN 979-11-92625-95-9　03190

㈜콘텐츠그룹 포레스트는 독자 여러분의 책에 관한 아이디어와 원고 투고를 기다리고 있습니다. 책 출간을 원하시는 분은 이메일 writer@forestbooks.co.kr로 간단한 개요와 취지, 연락처 등을 보내주세요. '독자의 꿈이 이뤄지는 숲, 포레스트'에서 작가의 꿈을 이루세요.